LK 7/1089

JÉRUSALEM A BORDEAUX.

CURIEUX RAPPROCHEMENTS

entre Jérusalem au temps de N-S Jésus-Christ

et Bordeaux au XIX° siècle,

SUIVIS D'UN ITINÉRAIRE DE LA **Voie de la Captivité**

ET DU **Chemin de la Croix,**

dans l'une et l'autre ville ;

(Avec deux plans)

Par J. B. G.

PARIS
AMBROISE BRAY, LIBRAIRE-ÉDITEUR
rue des Saints-Pères, 66.
BORDEAUX
LES PRINCIPAUX LIBRAIRES.

1859

TYP. Vᵉ JUSTIN DUPUY ET COMP., RUE GOUVION, 20.

A Monsieur l'Abbé DASVIN DE BOISMARIN,

Fondateur et Directeur de la Société des Amis chrétiens de Bordeaux.

Très-Vénérable Ami,

Je ne saurais dédier cet opuscule à personne plus convenablement qu'à vous..... Une connaissance, au moins superficielle de Bordeaux et des événements de la grande semaine de Jérusalem, est nécessaire pour que le travail qui m'a si vivement intéressé, attire également l'attention d'autrui. Et qui plus que vous est initié, tout à la fois, à l'observation de la ville que, depuis votre naissance, vous n'avez pas cessé d'habiter, et à l'étude de celle où toute votre vie semble s'être écoulée par la méditation et la prière? Dois-je m'affliger ou me réjouir, au surplus, de l'exigence de ces deux conditions? D'abord, je l'avoue, cédant à un sentiment auquel la vanité n'était peut-être pas étrangère, je me suis surpris regrettant de ne pouvoir étendre le cercle de ceux qui seront naturellement appelés à me lire; mais un peu plus tard, ayant compris, par la réflexion et par un retour sur moi-même, qu'un *petit vol sied à mon aile*, j'ai volontiers accepté toutes choses telles que Dieu les a faites. Encore, si j'avais pu m'assurer, à Bordeaux seulement, autant de lecteurs que vous y avez d'admirateurs et de cœurs dévoués, mon ambition eût été satisfaite, et bien au-delà !... Après tout, le but que je me suis proposé aura été atteint, si j'ai pu signaler quelques rapports édifiants ou curieux, pour un plus ou moins grand nombre de chrétiens, entre la Ville sainte et celle que j'ai toujours aimé à appeler ma patrie, sans en avoir réellement le droit ; car, il faut bien que je le déclare humblement à tous, dès aujourd'hui, en commençant par vous qui depuis longtemps êtes le confident de mes secrets les plus intimes, ce n'est pas, malgré l'opinion commune, ce n'est pas précisément à Jérusalem que je suis né, mais bien sur la montagne des Oliviers, là même où furent la grotte de l'agonie de Jésus et le tombeau de Marie. Si cette assertion surprend quelques-uns de ceux de qui je ne suis pas inconnu et leur paraît être une énigme, je les invite, sous votre protection qui m'impose le devoir étroit d'être sérieux et vrai, à prendre la peine d'en chercher l'explication facile dans ces pages, qui ne m'ont coûté que quelques heures de loisir, et qui en réclament encore moins de leur pieuse curiosité.

J. B. G.

AVANT-PROPOS.

> Cui comparabo te, vel cui assimilabo te, filia Jérusalem? cui exæquabo te?
>
> A qui te comparerai-je? A qui es-tu semblable, ô fille de Jérusalem? A qui t'égalerai-je?
>
> (*Lament. de Jérémie*, ch. 11, v. 13.)

Il y a vingt-cinq siècles, des accents inspirés, qui, depuis un si long temps, n'ont rien perdu de leur lamentable énergie, se firent entendre sur les hauteurs de Jérusalem. C'était la voix du saint prophète (1) qui prédisait à la Reine des cités de la Judée, en punition de son oubli de Dieu, une longue et terrible série d'humiliations et de misères. Toutefois, peu d'années auparavant, un autre prophète (2) s'était écrié avec enthousiasme. *Il sortira un rejeton de la tige de Jessé et une fleur naîtra de sa racine.*(3) Ces deux grandes paroles ne pouvaient manquer de s'accomplir. En effet, d'abord, cent ans ne s'étaient pas écoulés, et Jérusalem n'offrait plus que le spectacle de ses ruines fumantes; le prodigieux temple de Salomon n'avait pas même

---

(1) Jérémie, 629 ans avant J.-C. — (2) Isaïe, 680 ans avant J.-C.— (3) Isaïe, ch. XI, v. 1.

été épargné, et Dieu, qui s'en était retiré, fit voir *qu'il n'était point attaché à un édifice de pierres, mais qu'avant tout il voulait des cœurs fidèles* (4). — Plus tard aussi, Jésus-Christ, fils d'Abraham et de David, dans le temps, naquit d'une Vierge. Alors *le Père éternel reconnaît son fils bien-aimé par une voix qui vient d'en haut ; le Saint-Esprit descend sur le Sauveur sous la figure pacifique d'une colombe ; toute la Trinité se manifeste* (5). — Avant cette dernière époque cependant, Jérusalem avait recouvré son éclat et sa prospérité ; mais, ayant de nouveau oublié les leçons du malheur, elle était tombée sous la domination des Romains devenus les maîtres du monde. — Les Juifs qui l'habitaient et qui attendaient le libérateur promis, fermèrent leurs yeux et leurs cœurs à sa venue réelle, et le divin Messie, près d'être crucifié, leurs fit entendre ces accents empreints d'une profonde douleur : (6) *Jérusalem, Jéru-*
» *salem qui tues les prophètes et lapides ceux qui sont envoyés*
» *vers toi, combien de fois ai-je voulu rassembler tes enfants,*
» *comme une poule rassemble ses petits sous ses ailes, et tu ne*
» *l'as pas voulu !... Le temps s'approche que vos maisons de-*
» *meureront désertes. Je vous dis en vérité que vous ne me ver-*
» *rez plus désormais, jusqu'à ce que vous disiez ; Béni soit Celui*
» *qui vient au nom du Seigneur !* » Enfin, depuis plus de dix-huit cents ans, la ville rebelle n'a pas cessé d'être haletante, accablée qu'elle a été par les révoltes sanglantes, l'oppression exercée contre elle par les Romains, l'incendie de ses

(4) Bossuet. — (5) Bossuet, *Hist. univ.* — (6) Evang. s. Matt., XXIII, 37 ; s. Luc, XIII, 34.

murailles, la nouvelle destruction de son temple, et mille autres infortunes couronnées par la dispersion de ses enfants ou par leur soumission à la puissance aveugle et brutale de l'Islamisme.

Si l'on veut se figurer un instant l'aspect actuel de la Reine de la Judée, voici sous quelles sombres et poétiques couleurs la représentait naguère un jeune prêtre (7) qui, à peine de retour de la Terre Sainte, revenait sous le toit natal, pour y rendre son âme à Dieu : — « Jérusalem, » disait-il, enveloppée dans son deuil au pied du Calvaire, » ne montre plus que le silence et l'immobilité de la tombe. » On dirait que ses habitants ont pris la fuite à l'approche » d'un conquérant. Ses places sont désertes, ses portes so» litaires. Les montagnes qui la dominent sont tristes, ari» des et pelées comme la tête d'un vieillard ; ses cimetières » dépouillés d'arbres, couverts de pierres brunes, où nulle » herbe ne croît, où nul lierre ne s'attache, navrent l'âme » de mélancolie. Leur silence n'est troublé quelquefois que » par le galop du coursier de l'Arabe qui, rapide, l'œil » farouche, s'enfuit à travers ces pierres tumulaires comme » l'ange de la mort !... »

Hélas! ce tableau de désolation et de stérilité se conçoit aisément! « Et, pourtant, comme l'a écrit plus récemment encore un Religieux (8) qui s'est volontairement exilé, pour aller évangéliser les populations de la Baby-

---

(7) L'abbé Vidal, de Langon. — (8) Le R. P. (Lavau) François Xavier de Sainte-Marie, carme déchaussé, ancien curé de Caudéran et de Portets, près de Bordeaux.

lonie, « et pourtant, vous aimez Jérusalem ; elle vous atta-
» che par ses malheurs, par ses crimes, par ses souvenirs
» et par les traces vivantes de ses prophètes. C'est comme
» un charme indéfinissable qui a, je crois, ses explications
» dans la grande image de Jésus-Christ qui ne vous quitte
» pas. De quelque côté que vous tourniez vos regards et
» que vous dirigiez vos pas, vous trouvez un objet qui vous
» parle du Sauveur à Jérusalem. Au moins son ombre est
» partout ; elle vous suit ; il vous semble que vous allez le
» rencontrer au détour de quelque rue. Dans cette pensée,
» dont vous ne vous rendez pas, d'abord, compte, mais
» qui vous plaît, vous prolongez vos courses et vous avez
» peine à rentrer dans votre demeure... »

Qui de nous, comme ce vénérable missionnaire du Carmel et ses dignes compagnons de pèlerinage, n'a formé, une fois au moins, dans son cœur, le vœu de voir Jérusalem ? Mais qui de nous pourra le réaliser jamais, et se conformer avec joie à cette invitation du troisième des grands prophètes, (9) contemporain de ceux que nous avons déjà cités : « *Pour vous, fils de l'homme, prenez une brique, met-*
» *tez-la devant vous, et tracez dessus la ville de Jérusalem.* »

Souvent, l'esprit préoccupé de ce sublime et attendrissant sujet, et le cœur plein du bonheur qu'on goûte à poser un pied respectueux sur le sol sacré où palpitent encore les traces du passage du Sauveur du monde, nous avons, depuis quelque temps surtout, recherché, lu, comparé et médité les relations des pélerins qui ont écrit sur

(9) Ezéchiel, IV, 1.

les Saints lieux. Il en existe un nombre considérable ; d'abord, depuis saint Jérôme, qui vivait au quatrième siècle, jusqu'à Grégoire de Tours, premier historien de la monarchie française, et, ensuite, depuis cet évêque jusqu'à Chateaubriand et à Lamartine.

Notre attention s'est principalement fixée sur les écrivains modernes qui, d'ailleurs, ont résumé les anciens, en grande partie. Parmi eux nous avons remarqué, à cause de l'exactitude et du charme des récits, le pèlerinage de Mgr Mislin, Camérier secret de S. S. Pie IX, les mémoires du comte de Clermont Touchebœuf, et le journal de la Passion par le P. Ed. Terwecoren, de la Compagnie de Jésus. En nous livrant à cette étude, nous avons été frappé de cette observation, déjà probablement faite par d'autres, que, même avant saint Jérôme, qui s'était retiré à Bethléem, vers l'an 385, il avait paru un ouvrage en latin intitulé Itinéraire de Bordeaux à Jérusalem *(Itinerarium à Burdigalâ Hierusalem usquè).* « Cet itinéraire, dit Chateaubriand dans l'introduction de son beau livre sur le même sujet, fut, selon les meilleurs critiques, composé en 333, pour l'usage des pélerins des Gaules. » C'est là, hâtons-nous de le dire, un titre de noblesse de quelque valeur pour le blason religieux et littéraire de Bordeaux, puisqu'il remonte au siècle de Saint Amand, de Saint Delphin et d'Ausone, et qu'il établit, d'une manière authentique, l'empressement de nos ancêtres à faire par eux-mêmes, ou du moins à faciliter aux autres, les voyages en Terre-Sainte.

Quoiqu'il en soit, il n'est pas peu remarquable qu'à tra-

vers cette succession des âges, les traditions des événements et des lieux, consignées dans tous les récits, n'aient présenté presque aucune variation. D'Anville, en effet, comme tous les autres historiens et géographes, ont facilement retrouvé tout le plan de l'ancienne Jérusalem dans la nouvelle, et ils n'ont été dans aucun dissentiment sur le résultat de leurs savantes recherches. Et pourquoi en a-t-il été ainsi? C'est sans doute parce que la face de la terre ne change pas aussi facilement que celle des sociétés humaines; ce qui, à un point de vue particulier, a fait dire au même D'Anville (10) : « Les circonstances locales et dont la na-
» ture décide, ne prennent aucune part aux changements
» que le temps et la fureur des hommes ont pu apporter à
» la ville de Jérusalem. »

Cette invariabilité des Lieux saints, qui ne mourra pas plus que leur mémoire, nous a déterminé à ne pas surcharger de trop d'annotations ou d'indications d'auteurs notre travail, dont l'exactitude pourra, au surplus, être confirmée par le sentiment de nos devanciers et des autorités les plus graves.

On peut donc l'affirmer, tous les plans de l'ancienne Jérusalem, au temps de N. S. Jésus-Christ, n'ont pas cessé de répondre, avec une parfaite concordance, à l'appel que leur ont fait et leur font encore les pèlerins de toutes les langues et de tous les cultes. Les impressions et la direction de l'esprit des observateurs ont pu être diverses; mais, ce qui est essentiel, le point précis, le coin de terre et les

(10) Dissertation sur Jérusalem.

inspirations qui en jaillissent pour les âmes chrétiennes, n'ont eu à subir aucune altération.

Parmi les plans de Jérusalem et de ses faubourgs, le plus complet et le plus curieux, à notre avis, est celui qui a été publié, en 1840, avec un volume de texte, par M. l'abbé André Dupuis, de Nantes. Comme Nos Seigneurs l'archevêque de Tours, l'évêque de Luçon et d'autres prélats éminents, il faut reconnaître que les monuments, les palais, les sites de la Ville sainte n'ont jamais été nulle part plus fidèlement retracés.

Depuis qu'il nous a été permis d'avoir sous les yeux ce plan et ce livre, une pensée fixe est venue se mêler à toutes nos études et à nos réflexions : C'est que Bordeaux, tel qu'il est aujourd'hui, offre sur plusieurs points et sous plus d'un rapport, l'aspect et comme le miroir de Jérusalem au premier âge de l'ère chrétienne. Orientation, principales divisions, disposition des lieux, des édifices et des objets de vénération présents à tous les souvenirs, distances respectives ou intervalles; en un mot, calque singulier de ressemblance, et pourtant, nous le croyons, observé aujourd'hui pour la première fois, tout cela a concouru à créer pour nous une illusion délicieuse; et nous avons, dans le silence, répété souvent, avec une sensation indicible, ce cri d'enthousiasme consigné dans la relation du Révérend Père François Xavier de Sainte Marie, lorsqu'il faisait, en personne, l'an dernier, son entrée dans la Ville sainte : « Je suis dans Jérusalem!... » Mais n'est-ce pas un rêve?... Dans Jérusalem!!... »

Telle est l'impression sous laquelle nous allons essayer,

en même temps, d'initier plus intimement la jeunesse et les âmes tendres et pieuses de tous les âges, à la connaissance de la capitale de la Judée; de graver dans l'esprit, d'une manière plus sûre, plus prompte et surtout plus facile, les particularités topographiques et historiques de cette ville, fameuse entre toutes les autres, et dont les événements ont influé sur les destinées du globe entier, en s'identifiant avec les scènes du grand drame de la Rédemption; enfin, d'ajouter un modeste fleuron à la couronne murale de la cité qui eut l'avantage d'envoyer le premier pèlerin de France à la Terre-sainte. Ce vigilant explorateur du quatrième siècle eut, il est vrai, le doux et glorieux privilége *de se prosterner devant le Seigneur dans le lieu même où les pieds divins s'étaient arrêtés* (11); mais, en nous constituant, à notre tour, l'humble guide des pèlerins modernes dans l'ancienne Jérusalem, de ceux surtout qui sont dans l'impossibilité d'entreprendre un voyage lointain, nous les aiderons peut-être plus efficacement qu'on ne l'a fait jusqu'ici, à perfectionner la pratique figurative de la *Voie de la captivité* du *Chemin de la Croix*.

Ces dévotions pourraient, en effet, être désormais plus réelles ou plus effectives, avec des aspects, des distances de lieux et des mesures de temps qui multiplieront ou varieront les moyens de les accomplir en esprit. D'ailleurs, si les difficultés de plus d'une sorte les retenaient à l'état d'exceptions, du moins on pourrait plus fréquemment se représenter les lieux sanctifiés par les courses du divin Rédempteur; et même, par une sorte de procédé mnémotechnique, en acqué-

(11) Ps. CXXXI, 7.

rir une connaissance assez exacte. Nous espérons qu'à ce titre, tout chrétien, ayant Bordeaux pour ville natale ou adoptive, nous saura quelque gré de lui avoir indiqué, tout près de lui, comme une reproduction de Jérusalem, et de lui avoir donné un avertissement salutaire, en lui disant avec le poète :

« Tu ne saurais marcher dans cet auguste lieu,
» Tu n'y peux faire un pas, sans y trouver ton Dieu ! »

Qui sait, même, si les étrangers, sous les yeux desquels pourrait parvenir notre publication, ne seraient pas tentés de vérifier un fait si curieux ? Cependant, nous ne voulons pas le dissimuler, quoique les fantaisies de l'imagination n'aient absolument rien de commun avec notre œuvre, il ne faut pas se méprendre sur notre but, ou, si l'on aime mieux, sur notre prétention. Jamais nous ne nous sommes flatté de l'espoir de démontrer que Bordeaux est, universellement et de tout point, l'image de Jérusalem ; qu'il en reproduit tous les traits, toutes les distances, tous les accidents locaux. S'il en était ainsi, il ne s'agirait plus purement et simplement d'un fait matériel ou humain assez extraordinaire ; ce serait sérieusement un vrai miracle, comparable à la translation de la maison de Nazareth à Lorette. Mais à cet égard, le scrupule devait-il nous retenir ? Nous ne l'avons pas pensé. Le portrait d'une personne qui nous fut chère et que la mort ou l'absence nous a ravie, même celui d'un père, d'une mère ou d'un aïeul que nous n'aurions pu voir, si ce n'est par le cœur et sur la foi d'autrui, seraient assurément bien loin de remplacer, pour nous, ces personnes elles-mêmes : et, néanmoins, qui de nous ne s'attacherait point encore à cette ressemblance, plus ou moins incomplète, comme à une source d'illusions pures et consolantes? Bien plus, cet intérêt ne s'étendrait-il pas à l'image des lieux qu'auraient habités nos ancêtres, du toît sous lequel nos yeux se seraient ouverts à la lumière, des bords sur lesquels nous aurions pleuré? Quel attrait ne doit donc pas avoir pour nous tous le reflet, quelque affaibli ou imparfait qu'il soit, de la cité sainte, qui entendit la première ces paroles de notre Père, qui est aux Cieux : « *C'est là le lieu de mon repos, c'est là que j'habiterai;* » de la contrée où l'aveugle de naissance fut guéri par Celui qui, seul, avait le droit de s'écrier : « *Tant que je suis au monde, je suis la lumière du monde;* » de ce Calvaire, au souvenir duquel nul vrai chrétien ne peut retenir ses larmes?

Au reste, qu'avons-nous souhaité? Communiquer à d'autres les sensations agréables et les notions instructives dues à la rencontre saisissante, faite par nous, de nombreuses assimilations entre deux grandes cités, l'une immortelle comme le Dieu qui la couvrit de son sang, et l'autre bien moins célèbre, mais sur laquelle, par une faveur du Ciel, semble se réfléchir après plus de dix-huit siècles, la représentation des lieux et des événements qui ont, en même temps, fait la douleur et la joie de toute la terre.

Ce préambule, peut-être trop long, mais, à notre avis, nécessaire, étant achevé, il est temps de dire au lecteur, si du moins il n'est pas fatigué, avant de s'être mis en route, ce que le Seigneur disait autrefois à la maison des

Récabites : « *Allons, entrons à Jérusalem.* » *(12)* Or, nous y arrivons maintenant d'un seul pas, sans bourdon, gourde, ni panetière, toutes choses qui, on le sait, n'étaient pas encore en usage dans les premiers siècles du Christianisme. En tout cas, là ou ici, rappelons-nous ces paroles de saint Augustin : « Ne projetez pas de longs voyages ; venez
» où vous croyez ; car, on va à Dieu qui est partout, non
» par des voyages de mer, mais en l'aimant. » A cette condition, puisse ce pèlerinage lointain, accompli sans perdre de vue son clocher, n'être pas sans utilité pour le salut des âmes !

(12) Jérémie, XXXV, 11.

I.

PARTICULARITÉS

CHRONOLOGIQUES, HISTORIQUES ET TOPOGRAPHIQUES DE JÉRUSALEM ET DE BORDEAUX.

Origine ou fondation. — L'époque précise de la fondation de Jérusalem n'est pas connue. Selon Josèphe et les Saints Pères, cette ville n'était autre que Salem où avait régné Melchisédech (13); mais, suivant l'opinion généralement adoptée, elle ne fut fondée sous ce nom que du temps d'Abraham (14). Or, ce fut 1917 ans avant Jésus-Christ, qu'Abraham, âgé de 75 ans, fut choisi de Dieu pour devenir la tige d'un peuple duquel sortirait le Messie promis à Adam (15). Il est donc naturel d'assigner vers cette époque la fondation de Jérusalem qui, par conséquent, aurait eu, à la naissance du Sauveur du monde, cet âge de 1917 ans.

L'époque fixe de la fondation de Bordeaux, comme celle de Jérusalem, est enveloppée de ténèbres; cependant on

---

(13) *Jérusalem et la Terre-Sainte*, par l'abbé Vidal, p. 24. — (14) *Jérusalem*, par l'abbé André Dupuis, p. 2. — (15) *La Religion depuis Adam jusqu'à la fin du monde*, par l'abbé Bernard, t. 1, p. 49

s'accorde à reconnaître que ce fut cinquante ans avant Jésus-Christ qu'eut lieu la première campagne de Jules-César dans la Gaule; tous les historiens et notamment Bernadau (16) affirment que, dès-lors, Bordeaux, formé des Bituriges Vivisques divisés, eut une existence et une administration réelles, par sa soumission aux Romains, en la personne de Valérius Messala. Or, l'âge qu'avait Jérusalem à la venue du Christ, c'est-à-dire, comme on vient de le voir, 1917, sera précisément l'âge qu'aura Bordeaux dans huit ans, car 50, 1859 et 8 font bien 1917.

Voici, sous un autre point de vue chronologique, une nouvelle singularité. — Vingt-sept ans avant Jésus-Christ, l'Empereur Auguste avait donné le gouvernement de la Judée à Hérode, qui en avait établi la métropole à Jérusalem (17), et également, l'an 27 avant l'ère vulgaire, le même Empereur Auguste érigea Bordeaux en métropole de la seconde Aquitaine (18).

Nom. — Quoiqu'il en soit de la fondation des deux villes, il est hors de doute pour quelques auteurs, qu'avant la conquête de la Gaule par César, il était venu dans cette contrée des vaisseaux de la Phénicie, voisine de la Palestine dont Jérusalem était la capitale (19). « Une puissante colo- » nie, dit Bernadau, passa de Phénicie en Espagne, et de là » dans les Gaules. Cette émigration d'un peuple navigateur » et commerçant s'étendit de là jusques vers l'embouchure

---

(16) *Introduction à l'Histoire de Bordeaux*. — (17) *Dictionnaire historique*, de Ladvocat, au mot *Hérode*.— (18) *Hist. de Bordeaux*. par Bernadau, p. 28.—(19) *Etudes sur Bordeaux*, par Guilhe, p. 52.

» de la Garonne (20). Or, continue le même écrivain (21),
» *Burdegala*, ancien nom de Bordeaux qui lui avait été
» donné dès longtemps, a son étymologie, selon quelques
» auteurs, dans les deux mots puniques *Bures* qui veut dire
» *jonc*, et *Galen* voyageur. Ces deux noms assemblés pour
» faire celui de Bordeaux n'annonceraient-ils pas que les
» *voyageurs* Phéniciens, qui s'étaient établis dans cette
» ville, habitaient des maisons couvertes de *joncs* ou un pays
» qui en produisait ? (22). »

En nous préoccupant moins de l'étymologie que du nom et de ses éléments, bornons-nous à remarquer qu'avec les deux mots *Bures Galen*, et une nouvelle disposition de ses lettres, on peut justement composer le nom de *Gerubsalen*.

Situation et terroir. — Jérusalem est située du côté du couchant, à douze lieues de la Méditerranée, et du levant, à neuf lieues de la Mer morte, par conséquent entre deux mers. — Bordeaux est également, du côté du couchant, à environ douze lieues de l'Océan, et, du levant, à neuf ou dix de la Dordogne, aussi entre deux mers.

D'après les voyageurs et les historiens (23), l'air de Jérusalem, ainsi que celui de toute la Judée, est tempéré, et le terroir qui l'environne est si bon et si fertile que l'Ecriture sainte dit *que là coulent le lait et le miel*. Du temps de Jésus-Christ, on y remarquait surtout la beauté des blés, des vignobles, et surtout d'excellents pâturages. Le gibier et le poisson de toute espèce y étaient en grande abondance. Ne

(20) *Annales de Bordeaux*, p. 20. — (21) *Antiquités bordelaises*, p. 394. — (22) Ibid., p. 395. — (23) *Géographie historique*, de Dom Joseph Vaissette, t. 3, p. 396.

serait-ce pas là les marques de tout ce qui constitue la richesse territoriale de Bordeaux, de ses environs et de presque toute la Gascogne? Du reste, la température atmosphérique est à peu près la même dans l'une et l'autre contrée.

Population. — La population de Jérusalem, lorsque le Sauveur du monde s'y montra, était de cent cinquante mille âmes (24); celle de Bordeaux est actuellement indiquée par le même chiffre.

Forme et circonscription. — Quant à la figure et à la superficie de Jérusalem comparée à Bordeaux, il n'y a rien de bien positif à constater, à cause de l'incertitude des documents anciens sur ces deux points. Cependant, d'une part, Héraclée Abdérite, célèbre grammairien, cité par l'historien Suidas, dit que Jérusalem avait la forme d'un carré long, et l'on peut faire la même remarque, si l'on considère Bordeaux restreint aux lignes de ses boulevarts, en suivant le pavé des Chartrons, les rues d'Aviau et de la Trésorerie, les allées Damour, les cours d'Albret, d'Aquitaine et Saint-Jean, et enfin les quais, de l'hospice des Enfants-trouvés à l'Entrepôt; — et, d'une autre part, relativement à l'étendue de Jérusalem, Josèphe la fixe à 33 stades (25), et Châteaubriand en évalue la longueur à 950 toises et la largeur à 475 (26), ce qui équivaudrait à peu près à une lieue et demie. Or, Bordeaux, circonscrit comme on vient de le voir, présente une enceinte de 3,000 toises, 6,000 mètres ou une lieue et demie de pourtour.

(24) *Jérusalem,* par l'abbé Dupuis, p. 3. — (25) Dacier compte que 20 stades font une ancienne lieue de France. — (26) *Itinéraire, Pièces justificatives.*

Sous ce double rapport, il nous semble donc qu'ici, encore, entre Jérusalem et Bordeaux il paraîtrait exister une assez grande analogie pour fixer l'attention.

La même concordance entre Jérusalem ancienne et Bordeaux moderne, ne se retrouve point au même degré, il faut bien en convenir, quant aux accidents de terrain. En effet, ainsi que l'a fait observer M. l'abbé Michon (27), Jérusalem est, de toutes les capitales du monde antique, la seule qui eût été bâtie au centre de plusieurs montagnes. La ville de Bordeaux, telle qu'elle est actuellement, au contraire, bien qu'elle ait eu autrefois son mont Judaïc, où s'est formé le quartier Saint-Seurin, et qu'elle eût été bâtie sur un sol légèrement incliné vers l'est, cette ville, disons-nous, n'est dominée en aucun point par des hauteurs. — Seulement, à quelque distance au-delà, elle laisse apercevoir, à l'est et au nord, les coteaux de Floirac, de Cenon et de Lormont, et, beaucoup plus loin, à l'ouest, la crête longitudinale, qui, s'élevant du milieu des Landes, y borne son horizon. Après tout, nous ne saurions trop souvent le répéter, il ne s'agit nullement ici de rien dissimuler, altérer ou soumettre à un système absolu; toutes choses y sont exposées purement et simplement telles qu'elles ont existé ou existent. Quoiqu'il en soit donc d'aspects divers ou d'élévations plus ou moins considérables sous d'autres rapports, de nouvelles sources de rapprochement vont être signalées. Elles seront plus particulièrement relatives à la topographie de Jérusalem et de Bordeaux, et d'une partie de leurs envi-

(27) *Voyage religieux en Orient.*

rons, en se restreignant pour être mieux compris, et pour user d'une forme plus expressive, comme nous l'avons déjà dit, à ce qui a trait aux événements de la Semaine sainte.

Division. — Jérusalem, à l'époque où notre Sauveur en parcourut les quartiers, était divisée en trois parties distinctes, savoir : au midi, le Mont-Sion, appelé aussi *Mont-du-Seigneur* et *Montagne-sainte,* où était la cité que l'historien Josèphe désignait sous le nom de *Ville-supérieure,* et *partie sacrée;* puis, la seconde partie, ou la fille de Sion, qu'on nommait aussi *Ville-inférieure* de Jérusalem, et enfin, au nord, la troisième partie ou *Seconde-ville,* se confondant avec la nouvelle ville dite Bézétha; ces deux dernières étant séparées de la Ville inférieure ou centrale par une longue et large voie s'étendant de l'est à l'ouest.

Bordeaux, considéré rétrospectivement, offrirait aussi l'aspect de trois villes distinctes; la ville ancienne ou ville romaine, la ville moyenne et la ville nouvelle facile à reconnaître à ses embellissements; mais, comme il s'agit exclusivement, dans cet opuscule, du rapprochement ou de la confrontation de Jérusalem à l'époque de l'ère chrétienne, avec Bordeaux tel qu'il est de nos jours, ce qu'il suffit uniquement de constater, c'est que Bordeaux présente exactement aujourd'hui les mêmes divisions en trois parties bien dessinées. En effet, au midi, est le vaste quartier composé des paroisses de Saint-Michel, Sainte-Croix, Saint-Nicolas et Sainte-Eulalie; puis la ville centrale où sont Saint-André, Saint-Éloi, Saint-Paul, Saint-Pierre,

Notre-Dame, Saint-Bruno; et au-delà, vers le nord, les quartiers des Quinconces et des Chartrons, qui, en réalité, n'en forment qu'un et que séparent de la ville centrale les cours du Chapeau-Rouge et de l'Intendance qui n'en font qu'un aussi.

Aspect général. — En montrant, toujours comme à vol d'oiseau et par un coup-d'œil général ou d'ensemble, la triple Jérusalem, comparée au triple Bordeaux, il convient de faire observer qu'à Jérusalem ou devant Jérusalem, du côté du levant, coulait le torrent de Kédron ou Cédron. Dans les temps anciens, ce cours d'eau avait été tantôt terrible par ses débordements, tantôt presque à sec. Il recevait les eaux des montagnes voisines, des piscines et des fontaines, et il allait, après avoir traversé diverses contrées, se perdre dans la Mer morte. Il séparait Jérusalem de la vallée de Josaphat, au-delà de laquelle s'élevait, à l'est, la montagne des Oliviers, ou, plus exactement, il partageait cette vallée longitudinalement. L'une et l'autre de ses rives étaient fréquentées comme de très-agréables promenades; et pour traverser ce torrent, on passait sur un pont, vers le milieu de la ville.

Qui pourrait ne pas déjà reconnaître, en ce peu de mots, le fleuve sur l'une des rives duquel règne une longue façade d'édifices, tandis que l'autre bord enchante l'œil de l'aspect des plus belles campagnes; le magnifique contour de la rade qui se développe, du midi au nord devant la ville entière de Bordeaux, le pont Deschamps, la vaste plaine des *Queyries* ou *Palus,* et les riants coteaux qui semblent doter chaque partie de la ville ou chacune des trois villes de son amphithéâtre particulier: Floirac pour Saint-Michel, Cenon pour Bordeaux central, et Lormont pour les Chartrons?

Mais il est temps de passer de l'ensemble aux détails, en commençant par tourner nos regards vers l'Orient *d'où nous viendra la lumière*. Puisse cette revue, où, du moins nous l'espérons, plus d'une surprise intéressante est réservée à ceux qui auront la patience de nous suivre jusqu'au bout, faire aimer de plus en plus la Ville sainte, rendre plus familiers aux âmes chrétiennes les mystères du pélerinage de l'Homme-Dieu sur la terre, et faire jaillir de toutes les poitrines ce cri inspiré par l'Ecriture sainte, et digne, en traversant la Palestine, par la pensée, de monter jusqu'au Ciel : « O Jérusalem! ô Jésus! si jamais Bordeaux » vous oublie!... mais, non, Bordeaux ne veut pas vous » oublier! »

II.

PANORAMA

DE JÉRUSALEM ET DE BORDEAUX.

A l'orient de Jérusalem, à quinze stades ou trois quarts d'heure de marche de cette ville (b) et au-delà du plateau couronnant la montagne des Oliviers qui était en face de la

(b) Quinze stades, on l'a déjà vu, font trois quarts d'une lieue ancienne.

ville, se trouvait un bourg nommé Béthanie. Ce nom signifie en hébreu *jardin aux figues*. La montagne empêchait que de là même, on pût voir la ville de Jérusalem, quoique la distance ne fût pas considérable, comme on vient de le dire; mais il y avait tout auprès un monticule d'où, par une échappée de vue entre deux collines, on apercevait une partie de Sion. C'est là que Jésus alla souvent loger dans la maison de Marthe et de Marie, et qu'un jour il dit à celle-ci qui, assise à ses pieds, l'écoutait plus attentivement que Marthe, *qu'elle avait choisi la meilleure part qui ne lui serait point ôtée*. Dans les mêmes lieux, il pleura et ressuscita Lazare. Il y avait aussi guéri Simon le lépreux, dans la maison de qui, plus tard, Marie Madeleine versa sur la tête du Sauveur un parfum très-précieux; enfin, on croit que c'est à Béthanie que, dans une dernière visite à toutes ces personnes, il leur fit ses adieux avant de monter au Ciel.

Pieux pèlerins qu'attendrissent ces souvenirs, transportez-vous de Bordeaux, en traversant le pont et en suivant l'ancienne route de Paris, jusqu'au haut de la côte de Cenon, sur le plateau où se trouve la jonction des trois communes ou des trois routes de Cenon, de Tresses et de Floirac, ce qui ne fait qu'un trajet de trois quarts d'heure. Ce lieu s'appelait autrefois le *poteau*. C'est là la situation de Béthanie. Le château de Sibirol-Basse, et les maisons de Boudenat, Leclerc, Ducasse, Lalanne, qui s'offrent à droite et à gauche à vos regards, sont comme le château de Lazare et les demeures de Marthe, sa sœur, et de Simon le lépreux.

Si vous vous retournez, pour regarder en arrière, la

montagne ou la côte de Cenon vous empêchera de voir Bordeaux entier; mais, dans la même direction, entre les deux collines de Cenon et de Floirac, vous apercevrez une partie du quartier Saint-Michel.

Représentez-vous le Fils de l'homme revenant demander fréquemment l'hospitalité aux habitants de ce petit coin de terre de prédilection, sentant son cœur plus à l'aise sous le toît de ces simples et vrais amis, arrivant d'au-delà du Jourdain, après deux jours de marche, à l'appel des sœurs de Lazare mort, parvenu au lieu de sa sépulture, pleurant, récompensant, par une résurrection miraculeuse, les marques de tendresse et de confiance qu'on lui avait prodiguées, et, dès ce moment, n'oubliant plus ses hôtes pieux, même à l'heure solennelle où il allait retourner vers son Père.

En descendant de Béthanie à Jérusalem, on trouvait à mi-côte une citerne ou un ruisseau. Cet endroit était fort vénéré, parce qu'on croyait que Jésus, quand il venait de Jéricho, avait coutume de s'y reposer avec ses apôtres. De nos jours, il y a également sur le versant méridional et à mi-côte de Cenon, une citerne ou ruisseau dépendant de la propriété, qui en a pris le nom de *Belle-Font*.

Tout à fait au pied de ce côté méridional du mont des Oliviers, on remarquait le point central ou l'intersection de quatre chemins : le premier, au nord, à droite, se dirigeant vers les hauteurs du mont; le deuxième, au couchant, en face, allant vers Jérusalem; le troisième, au midi, conduisant à Jéricho, et le quatrième qu'on venait de parcourir, en descendant de Béthanie.

A ces quatre chemins, répondent, pour nous, au pied de la côte, ceux de Cenon, de La Bastide vers Bordeaux, de Floirac ou *la Souys*, et de Tresses ou Branne.

Là commençait en largeur la vallée de Josaphat, qui allait se terminer au Cédron ou à Jérusalem, en passant par le village de Bethphagé.

Dans le voisinage de ces quatre chemins, et à la droite du voyageur, était une fontaine, au flanc de la colline d'Ophel. On la désignait sous le nom de la fontaine de la Vierge. « En » bas de la montaygne, disait dans son langage naïf, au XIVe » siècle, le baron d'Anglure, en allant voltre à destre partie, » est la fontaine où la doulce Vierge Marie lavoit les drape- » lets de son cher fils. »

Serait-ce une illusion purement poétique et dépourvue de tout fondement que de croire avoir retrouvé quelque ressemblance entre ces lieux de si gracieuse et si intéressante mémoire, et les petits ruisseaux de *Monrepos*, au pied de Cenon et de Floirac, aux quatre chemins de l'ancienne route de La Bastide à Paris? La fontaine de Rogé et celle de la Vierge Marie ne donneraient-elles pas, avec quelque raison, aux pieux pèlerins, l'envie d'aller visiter en bas de la côte de Cenon la fontaine du Cypressat, chantée par le poète Edmond Géraud, et au-dessous de *Monrepos*, la fontaine de *Ménoire?* Quoi qu'il en soit, et sans attacher plus d'importance qu'il ne convient à ces rapprochements qui auraient pu être omis, s'ils eussent été isolés, continuons la tâche que nous avons entreprise.

Voici comment le mont des Oliviers ou des Olives est dé-

crit par M. l'abbé Dupuis : « Ce mont était ainsi appelé,
» dit-il, à cause du grand nombre d'oliviers qui y crois-
» saient. Il était à l'orient de Jérusalem, et séparé de la
» ville par la profonde vallée de Cédron; son sommet était
» si élevé que du haut on voyait non seulement presque
» toutes les places de Jérusalem, mais même la Mer morte
» qui est à onze lieues trois quarts. »

Ne peut-on pas encore ici appliquer cette description à la montagne du Cypressat, ainsi nommée à cause des cyprès séculaires qu'on y remarque, laquelle est, à l'orient de Bordeaux, séparée de la ville par la vallée des Queyries, et qui permet de son point le plus élevé de voir la cité tout entière, et même avec une longue-vue, les dunes et la mer?

Sur la voie escarpée qui s'étendait du bas de la colline jusqu'au sommet du mont des Oliviers, les pélerins de la Terre sainte ne manquent point de se faire indiquer des lieux sacrés et mémorables, tels que, d'abord, à gauche du chemin, et en contre-bas, *le tombeau de la Sainte Vierge* (c); un peu plus haut et plus loin, en suivant toujours le chemin qui se déroule du pied du mont des Oliviers vers son sommet, le petit groupe de maisons ayant nom

(c) On sait que, trois jours après que les Apôtres eurent déposé en ce lieu le corps intact de la bienheureuse mère de Dieu, on n'y trouva plus qu'une robe d'une éclatante blancheur, « simple et pau-
» vre vêtement, dit Chateaubriand, de cette Reine de gloire que les
» Anges avaient enlevée aux Cieux. C'est là que, de nos jours en-
» core, au milieu d'une église qu'y fit bâtir Sainte Hélène, une
» grande quantité de lampes d'or et d'argent brûlent sans cesse
» devant le saint tombeau recouvert de marbre blanc » *(Relation de M. de Géramb.)*

Gethsémani, là où le Christ proféra ces touchantes paroles :
« *Mon âme est triste jusqu'à la mort ;* » — un peu plus haut encore, mais à droite, et sur le bord du chemin, *le jardin des Olives et la grotte de l'agonie* (d); — enfin, au-dessus de ce jardin ou de cette grotte, le sommet du mont des Oliviers, duquel, à la vue de ses disciples, le Sauveur, après sa résurrection, les bénit et monta au Ciel, la face tournée à l'Occident, comme le prouvent les vestiges de ses deux pieds gravés sur une pierre de ce précieux mont (e), et vus par saint Jérôme et le R. P. de Géramb.

Qui le croirait? tous ces lieux si chers à la mémoire des chrétiens se retrouvent presque avec les mêmes distances, les mêmes accidents et des aspects analogues, sauf la physionomie différente que leur ont dû donner le temps et le travail de l'homme. D'abord, c'est le chemin qui, du pied de la côte où Cenon se sépare de Floirac, s'élève vers le nord et passe aussitôt devant un petit domaine et une chartreu-

(d) « C'est ici, sur le mont des Olives, dit une tradition, que » vinrent Adam et Eve, chassés du Paradis terrestre, après leur » chûte. Ils éprouvèrent bien des angoisses sur la terre inhospita- » lière ; ils gémirent et pleurèrent dans cette grotte. » C'est près de là, dans le jardin des Olives, auprès de Gethsémani, que le Christ à genoux, supplia son père jusqu'à trois fois d'éloigner de lui le calice, c'est-à-dire les souffrances de la Passion.

(e) C'est là, peut-être un peu au-dessous et sur le flanc de la montagne, que Jésus assis, en voyant de loin le temple de Jérusalem, de même que, du haut de la côte du Cypressat, on voit la place du Palais et la Bourse de Bordeaux, conversait avec ses disciples sur les signes épouvantables qui précéderaient la destruction de cet édifice ; là l'Homme de douleur pleura sur la ville condamnée à tant de maux.

se, auxquels est resté le nom de la famille Gergerès, dont ils furent la propriété;—puis, c'est le groupe des anciennes maisons Gerbos et Descrambes; enfin, à droite de la route, le bois garni de fleurs et d'arbustes et la grotte ou enclos entouré d'un mur et de cyprès, avec une touffe de laurier des morts au milieu, le tout fermé par une petite porte de fer, appartenant à la terre Deschamps-Billaudel ; au-delà, on arrive au nouveau cimetière de Saint-Romain et à la plate-forme qui existe devant l'église, d'où l'on peut contempler tout Bordeaux. Là, répétons le donc, si les pélerins se prosternent toujours à la place où le divin Maître tomba en agonie, redoubla de prières et laissa découler sur le sol une sueur de sang; s'ils baisent avec respect cette terre, et s'ils l'arrosent de larmes de repentir et d'amour, les visiteurs de la grotte et du plateau de Cenon pourraient-ils se défendre d'une émotion douloureuse et profonde, en se rappelant les circonstances de l'abattement de l'auguste victime qui but jusqu'à la lie le calice de toutes les amertumes; et ne pourraient-ils pas, par là même, se figurer le dernier jour du monde où le souverain Juge arrivera sur une nuée, pour prononcer la sentence des vivants et des morts, tous réunis dans la vallée de Josaphat ?

De ce même point, le plus élevé du Mont des Oliviers, et à son côté nord, on apercevait un faubourg de Jérusalem, en deçà et au-dessus duquel, sur une colline, était le temple de Chamos, bâti sur le lieu appelé le mont du *Scandale*. Elevé, au-delà du torrent de Cédron, par Salomon, sur les instances des femmes païennes que ce roi avait épousées, il fut entièrement détruit par Josias, cent cinq ans avant Jésus-Christ.

Cette perspective ne peut-elle pas s'entendre, au nord-est de Bordeaux, du bourg et de la côte de Lormont où se voit plus d'une construction monumentale?

De l'autre côté, c'est-à-dire, au midi, lorsqu'on était revenu dans la vallée de Josaphat, à la descente de la route de Béthanie, on pouvait apercevoir le mont de l'*Offense*, que dominait le temple de *Moloch*, sorte de Panthéon consacré à toutes les idoles, élevé par Salomon, détruit par Josias, comme le temple de Chamos sur le mont du Scandale; et un peu plus loin, le bois sacré de Moloch, où les adorateurs de cette idole se livraient sous l'épais feuillage à toutes sortes de désordres.

Le mont, le temple, le bois et les scènes dont il était le témoin muet, seraient aujourd'hui comme les maisons un peu avant Floirac, et les bois au-delà de l'établissement de Monrepos, sans que nous puissions avoir la pensée d'y rencontrer autre chose que des points de rapprochements matériels.

La continuation de la route, au midi de Jérusalem, en partant du pied du mont des Oliviers, conduisait, après environ sept heures de marche, sur la gauche du voyageur, à Jéricho, patrie du prophète Elie, où Jésus rendit la vue à un aveugle, en lui disant : « *Allez, votre foi vous a sauvé* », et, sur sa droite, à Engaddi, si renommée par l'excellente qualité de ses vins; Jéricho était au sud-est, et Engaddi au sud-ouest, d'après tous les géographes.

Pourquoi Engaddi ne serait-il pas Barsac ou Sauternes? Et pourquoi Jéricho ne serait-il pas le sol béni de Verdelais, dans le voisinage duquel est la retraite des Religieux du Carmel, qui remontent jusqu'au prophète Elie; de Verdelais, où la Vierge-Mère, santé des malades, a depuis si longtemps un sanctuaire dans lequel, à l'exemple de son divin fils, elle rend la vue aux aveugles, l'ouïe aux sourds, et l'usage de leurs membres aux paralytiques?

Mais ne nous éloignons pas de Jérusalem.

Après avoir salué, à droite et à gauche, une contrée aussi féconde en glorieux et touchants souvenirs, le pieux pélerin reprenant sa course vers la Ville sainte, ne peut s'empêcher de s'arrêter quelques instants devant Bethphagé, village, disent les historiens, situé à 3,000 pieds de la ville, à l'est. C'est là que Jésus, descendant de Béthanie, envoya deux de ses disciples, leur disant : « Allez à ce vil-
» lage qui est devant vous; vous y trouverez une ânesse et
» un ânon; amenez-les moi, et si on vous dit quelque chose,
» dites que le Seigneur en a besoin, et on les laissera. »
Nous retrouverons plus tard le Christ et le peuple sur cette route, le jour de l'entrée solennelle dans Jérusalem.

Ce village de Bethphagé pourrait être représenté par les maisons du bourg de La Bastide; en effet, si l'on compte 1,200 pas de deux pieds et demi chacun, suivant la mesure adoptée dans l'ouvrage de M. l'abbé Dupuis (nos 118 207), on trouve les 3,000 pieds, de Bordeaux (entrée du pont), au milieu de La Bastide; et la continuation de la route s'étendant du couchant au levant par des sinuosités forme à peu près une demi-lieue, ou environ deux kilomètres. Dès lors, le chemin de la sortie du pont au pied de la côte correspondrait à celui qui traversait la vallée de Josaphat, appelée également vallée des Montagnes ou de Cédron. Ce dernier avait une inclinaison si prononcée que son extrémité allait presque jusqu'aux bords du torrent.

C'est de cette vallée qu'au jour du jugement dernier, comme nous l'avons déjà dit, quand le Fils de l'homme paraîtra comme un éclair, Dieu, juge suprême, réalisera cette parole : « J'assemblerai toutes les nations, et je les » mènerai dans la vallée de *Josaphat*, où j'entrerai en juge- » ment avec elles. »

Le comte de Clermont Touchebœuf, dans ses Mémoires sur les Lieux saints à Jérusalem, a dit : « Je n'assigne guère » à cette vallée plus de longueur que celle des boulevards » à Paris, et sa largeur, depuis l'extrémité nord de la » montagne des Oliviers, sur le chemin de Damas, jus- » qu'aux natatoires de Siloë, n'excède point une demi-lieue; » mais le Très-Haut peut tout, et, s'il le voulait, toutes les » générations tiendraient sur la pointe d'une aiguille. C'est » donc avec la simplicité de l'enfant de l'Evangile qu'il » faut recevoir les Ecritures, sans chercher à découvrir des » figures cachées au plus grand nombre ; » — et le père » Nau a dit admirablement aussi : « qu'il est raisonnable » que l'honneur du Christ soit réparé publiquement dans le » lieu où il lui a été ravi par tant d'opprobres et d'ignomi- » nies, et qu'il juge justement les hommes là où ils l'ont jugé » si injustement. »

On le voit donc, la vallée de Josaphat serait parfaitement représentée par la plaine des Queyries ou des Palus, formant un carré long, du territoire de Floirac à celui de Lormont, et du pied de la côte du Cypressat au rivage de la Garonne.

Le pont de Jérusalem n'avait qu'une seule arche sur laquelle on passait pour traverser le torrent de Cédron. Le pont de Bordeaux, quoique étant à peu près dans les mêmes distances par rapport à la ville et à la montagne à l'est, se compose, au contraire, de 17 arches et a une longueur de 486 mètres 68 centimètres; d'où il suit que la dissemblance que nous avons déjà signalée entre la largeur du Cédron et de la Garonne, se retrouverait naturellement entre les deux ponts.

A l'extrémité occidentale du pont de Cédron, trois grandes voies se présentaient devant le voyageur prêt à entrer dans Jérusalem.

Il en est exactement de même à la sortie du pont de Bordeaux.

A partir de ce point, il nous faut éviter ou prévenir autant que possible la multiplicité des courses et des détails qui engendrerait, sans utilité, la fatigue et la confusion. Décrire et rapprocher en entier Jérusalem et Bordeaux, serait une tâche immense, d'une importance très-contestable, et dont l'exécution, en tout cas, ne rentrerait pas dans le cadre de cet itinéraire. Il suffira donc de se borner à la visite des quartiers et des édifices où l'Homme-Dieu laissa à Jérusalem des traces de son passage, qui semblent s'être reproduites dans les quartiers et les points correspondants de

Bordeaux moderne. Il importe ici cependant de bien faire remarquer, une fois encore, que ces points correspondants n'ont été ni choisis ni recherchés par nous, comme seraient tentés de le présumer certains esprits défiants; ils se trouvent, au contraire, fixement établis, et représentant, là où ils sont, les anciens lieux célèbres de Jérusalem, de même que la plupart de ceux-ci ont été remplacés, depuis plus ou moins longtemps, dans la Ville sainte, par l'église du saint Sépulcre, le tombeau de Marie et d'autres monuments commémoratifs.

D'abord, en face du spectateur, et à une très-courte distance, était à Jérusalem la *Porte de la Fontaine, appelée aussi Porte des eaux*, parce qu'elle conduisait à la fontaine et aux eaux de Siloë. On lui donnait quelquefois encore le nom de *Porte orientale des chevaux*, parce qu'on allait par là abreuver les chevaux au torrent de Cédron. Elle était située entre le mont Sion et le mont Moria, au centre duquel avait été bâti le Temple de Salomon.

C'est à Bordeaux, avec la même orientation et la même distance, la porte Bourgogne ou des *Salinières*, par laquelle ordinairement on vient de la rue Leyteire ou d'autres lieux voisins, faire baigner et abreuver les chevaux sur les bords du fleuve. Par cette porte, la partie méridionale de la ville et le quartier Saint-Michel sont séparés de la ville centrale, au milieu de laquelle existait autrefois le Palais de l'Ombrière, où se rendait la justice et où se trouve maintenant *la place du Palais*.

Au-delà de cette Porte des eaux, commençait le gouffre

de *Mello*, qui, en ligne presque droite, formait une voie large et un peu creuse, séparant le mont et la ville de Sion de la ville inférieure, et s'étendant de la porte de la Fontaine jusqu'à la place du Marché des poissons, vers l'occident. Du temps de Josèphe, cette voie avait porté, à son extrémité, vers le couchant, le nom de vallée de Tyropéon : bordée de magnifiques et riches maisons, elle était très-peuplée.

Qui ne serait tenté de reconnaître là les Fossés qui séparent, à Bordeaux, la ville du midi de celle du centre, se prolongeant de la porte de Bourgogne jusqu'au Grand-marché, dont l'extrémité ouest est destinée à la vente du poisson? Remarquons, sans commentaire, que le nom de *Napoléon* a la même finale et le même nombre de lettres que *Tyropéon*, et que le cours dont il s'agit présente, d'un bout à l'autre, l'aspect de demeures et de riches magasins de marchands de toute sorte.

Là, cette large voie se continuait par une autre, à l'ouest, qui pourrait être figurée ici par la rue Ségur.

Près du Grand-marché, à Jérusalem, saint Jacques le majeur fut conduit par le bourreau et eut la tête tranchée; et à Bordeaux, non loin du Grand-Marché et des Fossés qui le bordent, se trouve la chapelle Saint-Jacques, desservie par les Pères de la Miséricorde.

A la droite du même spectateur, et à deux ou trois cents pas du pont, et de la porte de la fontaine, on voyait la porte dorée ou orientale, ainsi nommée parce qu'elle était recouverte de lames d'or et faisait face à l'orient, ayant devant elle le développement des bords du Cédron. Ce fut vers cette porte que Jésus-Christ, arrivant de Béthanie, se dirigea, monté sur un ânon, lorsqu'il fit son entrée à Jérusalem, le jour des Rameaux. Nous aurons occasion de revenir sur ce point. Ajoutons seulement que cette porte Orientale serait, à Bordeaux, la porte du Palais, si élégante et si riche d'ornements.

A la gauche du pont de Cédron, s'ouvrait la voie ou la vallée de Siloë, ainsi nommée à cause de la fontaine de Siloë, qui était à une petite distance, dans la partie la plus rapprochée de la ville et du pont. C'est à la piscine joignant cette fontaine que Jésus-Christ rendit la vue à un aveugle.

A 275 pas du pont de Bordeaux, et dans une situation pareille, la fontaine de la Grave élève sa gerbe sculptée sur le *quai* du même nom.

Maintenant, pour procéder avec ordre, pénétrons dans la cité de Sion.

Elle avait également nom cité de David, ou ville supérieure, au midi, formant une partie distincte de Jérusalem, et elle était bordée dans toute son étendue, au nord, par le gouffre de *Mello ou Tyropéon*.

En entrant par la voie ouverte vis-à-vis de la fontaine de Siloë, on arrivait bientôt, par une légère élévation, au palais du grand-prêtre Anne, beau-père de Caïphe, palais qui, dans la suite, devint une église dédiée aux Saints-Anges, où des religieux furent chargés de célébrer l'office divin. Quelques oliviers étaient près de l'un de ses côtés. Du haut de ses tours, on découvrait, au sud-ouest, tout le désert vers Hébron et Bethléem, qui était dans la même direction, à environ deux lieues de Jérusalem.

Le palais d'Anne pourrait passer pour être l'église Saint-Michel, près de laquelle, au midi, on voyait encore dernièrement quelques arbres, et où se célèbre avec une dévotion particulière la fête de Notre-Dame des Anges. Les voyageurs peuvent, du haut de la tour voisine mais séparée de l'église, découvrir les landes qui rappellent le désert, et se représenter Bethléem comme situé dans la commune de Léognan, à une dizaine de kilomètres de distance.

Le chemin de Jérusalem à Bethléem suivait la même direction que celui de Bordeaux à Léognan. Salomon l'avait fait paver de pierres noires pour montrer sa magnificence.

Sur la ligne perpendiculaire au Cédron, et en allant presque droit du palais d'Anne au sud-ouest, jusque vers le milieu de Sion, on rencontrait le palais et la demeure de David, avec ses cours, jardins et autres dépendances. C'est là que les rois de Juda tenaient leur cour; Simon Machabée y plaça, comme dans une citadelle, une garnison juive.

Dans la même situation, à Bordeaux, se trouvent le quartier des Juifs et leur synagogue, dans la rue des Augustins.

Un peu plus loin, mais en inclinant vers le sud, et là où est actuellement fondée, à Bordeaux, la chapelle des Pères du Saint-Cœur de Marie, près des Carmélites, les pèlerins, à Jérusalem, vont visiter la place où fut la maison de saint Jean et de la sainte Vierge Marie. Elle y demeura, après la mort de son Fils, avec l'apôtre bien-aimé, et elle y mourut quatorze ans plus tard. Saint Denys l'Aréopagite, qui vivait dans le même temps, et qui était du nombre des personnes présentes à cette mort, rapporte « que tous les » apôtres, excepté saint Thomas, se trouvèrent miracu- » leusement transportés dans cette chambre, pour rece- » voir sa bénédiction et lui rendre leurs derniers devoirs. » On porta ce saint corps près de Gethsémani et on le déposa dans le tombeau qui lui avait été préparé. Cette maison fut changée en église, et fut, croit-on, la première de l'univers dédiée à la bienheureuse Marie. Quelques historiens ont cependant revendiqué cette gloire pour le Mont-Carmel.

A une petite distance de cette demeure bénie, en avançant vers l'ouest de Sion, on arrivait au Sacré Cénacle, salle haute et toute meublée, où Notre-Seigneur fit la dernière Cène, lava les pieds à ses apôtres et institua le Très-Saint Sacrement de l'Eucharistie. Cette salle était longue de vingt-quatre pas ordinaires et large de treize. C'est aussi là que le Christ entra, le jour de sa résurrection, bien que les portes fussent fermées; que, huit jours après, il se montra une seconde fois à ses apôtres; qu'après l'Ascension, Mathias fut choisi pour remplacer Judas; que, le jour de la Pentecôte, les apôtres et les disciples furent remplis du Saint-Esprit, et enfin que furent sacrés les premiers Évêques.

A Bordeaux, la chapelle de la Madeleine, desservie par les Marianites, a le privilége d'occuper la place corresponpant à ce saint lieu, et d'avoir une salle haute qui rappelle le Cénacle, avec un peu moins d'étendue peut-être.

A peu près dans la même direction, à l'ouest, vers l'extrémité de la ville, à l'angle de deux rues, était, à Jérusalem, le palais de Caïphe; c'est là que les Princes des Prêtres et les anciens du peuple juif tinrent conseil pour faire mourir Jésus, et le déclarèrent blasphémateur, pour avoir dit qu'il était le Fils de Dieu; que Judas livra son divin Maître, et que, dans une cour voisine, Pierre le renia par trois fois. L'impératrice Hélène fit, dans la suite, construire en place de ce palais et en l'honneur de saint Pierre, une belle église qui plus tard encore fut appelée église de Saint-Sauveur.

L'église actuelle de Sainte-Eulalie et la petite place qui l'entoure, pourraient figurer le palais de Caïphe et la cour qui en dépendait.

Il n'y avait plus à l'extrémité de Sion qu'une piscine, laquelle mêlait ses eaux à celles d'un ruisseau qui, de là, traversant en largeur la ville, allait se jeter dans le torrent de Cédron, de même que l'écoulement pratiqué à l'hôpital Richelieu de Bordeaux verse ses eaux dans le ruisseau du Peugue, pour aller se jeter dans la Garonne.

Tels étaient les principaux monuments de la ville supérieure : il ne resterait à faire qu'une petite remarque, c'est qu'à l'extrémité ouest, et près du palais de Caïphe, se trouvait une porte dite du Poisson ou des Marchands, ainsi nommée parce que de Joppé et autres endroits maritimes, chaque jour, il entrait par là quantité de poisson, comme il en passe aussi journellement beaucoup par le cours d'Albret. Ce poisson vient de La Teste, de Gujan et autres lieux, et est porté par les pêcheurs au marché qui lui est assigné et dont il a déjà été question.

Passons à la ville inférieure ou centrale que séparait de Sion le gouffre de *Mello*. Ici, le nombre des édifices ou choses remarquables était naturellement plus grand dans une plus grande étendue du sol ; afin de demeurer fidèle aux limites déjà tracées de notre plan, nous ne signalerons que ce qui se rattache essentiellement à la Semaine sainte.

En se replaçant au lieu primitif, c'est-à-dire à la sortie du pont de Cédron, on découvrait sur la ligne de façade parallèle à ce cours d'eau, du midi au nord, quatre portes, savoir : la porte de la Fontaine, qui a déjà été comparée, dans Bordeaux, à la porte Bourgogne ou des Salinières ; la porte dorée ou orientale, que figure à Bordeaux la porte du Palais ; la porte de la Vallée, ainsi nommée parce qu'elle était vis-à-vis de la vallée de Josaphat, et située comme l'était à Bordeaux, sur le bord de la rivière, l'ancienne porte des Portanets, qui n'existe plus ; enfin, la porte du fumier, servant d'égout à l'écoulement des immondices que les eaux pluviales conduisaient de la ville au torrent de Cédron, et qui aurait encore pu être assimilée à l'ancienne porte *des Paux*, entre la Douane et la Bourse de Bordeaux ; cette dernière porte était au bout de la rue Saint-Rémi, et a également été détruite.

Le Temple de Salomon, dont la situation a déjà été indiquée sur l'emplacement de l'ancien Palais de l'Ombrière, s'étendait de l'est à l'ouest et du nord au sud, en formant un carré. C'était une œuvre immense et magnifique des siècles et des souverains de la Judée. Il n'y a nullement sujet d'essayer ici la description de cette merveille, qui a exercé la plume de beaucoup d'écrivains connus; toutefois, il paraît utile d'en dire quelques mots.

Bâti sur le *Mont Moria*, plate-forme inférieure et faisant suite au Mont-Sion, ce temple se composait de quatre parties.

La première, appelée *parvis des Gentils*, servait de vestibule extérieur; il fallait monter quatorze marches pour y entrer; il était double et entouré de galeries. C'est de là que le Christ, le visage resplendissant et les yeux animés de sa divinité, dit saint Jérôme, chassa deux fois les vendeurs et les acheteurs : la première, après le miracle de Cana, et la seconde, le lendemain de son entrée solennelle à Jérusalem. C'est également là qu'il écrivit avec son doigt sur la terre, et que la femme adultère fut délivrée de ses accusateurs. — Ce parvis des Gentils contenait l'aigle d'or, le trésor sacré, l'horloge d'Achaz, et il avait plusieurs portes de communication avec des tours et avec le dehors.

La deuxième partie du temple était le *parvis des Juifs*, élevé encore de quatorze marches au dessus de celui des Gentils. On le nommait *basilique* ou vestibule intérieur; on y voyait l'autel des holocaustes placé en plein air, deux très-belles colonnes de bronze, des lavoirs d'airain, la maison du Conseil, les chambres du Temple, l'Orchestre, la Tribune, etc. — C'est là que Jésus, à l'âge de douze ans, fut trouvé au milieu des Docteurs, et que plus tard ses enseignements l'exposèrent à être lapidé par les Juifs.

Par douze degrés de plus, on montait au *Saint* ou *parvis des prêtres*, où se remarquaient l'autel des parfums, le chandelier d'or, la fontaine figurative, la table des pains de proposition, le vestiaire du grand-prêtre et le voile du Temple, qui, à la mort de Jésus-Christ, se déchira du haut en bas.

Ce grand voile ou tapis séparait la troisième partie de la quatrième, surnommée le *Saint des Saints*, à cause de la sainteté de ce lieu, considéré comme sanctuaire. Il n'y avait que le grand-prêtre qui pût y pénétrer, et seulement une fois l'an. Là étaient l'arche d'alliance avec les deux tables de la loi, deux Chérubins qui les couvraient de leurs ailes, et le propitiatoire appelé aussi oracle, comme étant le siége ou le trône de la majesté de Dieu.

Cette division du temple de Salomon occupait, on le conçoit aisément, une superficie considérable, au milieu de la ville inférieure, dans laquelle il s'étendait du levant au couchant, à partir de la porte dorée ou orientale par laquelle on y pénétrait. On pourrait, comparer cette étendue à l'espace compris par la place du Palais et occupé, entre la porte du même nom et la rue du Pas-Saint-Georges, ou même une ligne au-delà.

A quelque distance, toujours vers le couchant, et parallèlement à la ligne postérieure du temple, ou bien au torrent de Cédron, au milieu à peu près de la ville centrale, régnait une longue et large voie droite, qui la traversait d'un bout à l'autre, à partir de son point extrême au sud, où était la porte de Sion, pour aller aboutir perpendiculairement à une autre large voie séparant Jérusalem de *Bézétha* ou la nouvelle ville.

C'était comme est à Bordeaux la rue Sainte-Catherine, divisant la ville en deux parts : l'une au levant, l'autre au couchant, à partir de la porte Saint-Julien jusqu'au cours du Chapeau-Rouge ou à la place du Grand-Théâtre.

Seulement, il convient ici de faire observer qu'à Jérusalem (ce qui n'existe nullement à Bordeaux), la partie orientale, dans à peu près sa moitié du côté du midi, était établie sur le mont Moria, où brillait le temple de Salomon, tandis que la partie occidentale, sans élévation de terrain, était particulièrement appelée ville inférieure ou fille de Sion, par opposition à la cité Moria.

En n'ayant égard qu'à l'étendue du terrain, on pourrait supposer que le mont ou la ville Moria était là où sont actuellement à Bordeaux les quartiers de la Rousselle, de Saint-Eloi, de Saint-Paul et d'une partie de Saint-Pierre, et que la *Fille de Sion* se composait de Sainte-Eulalie et de Saint-André principalement.

Au milieu de la ville inférieure, à l'occident du temple de Salomon, s'élevait cependant un monticule désigné sous le nom de *Mont-Acra*, qui dominait toute la cité. Antiochus Epiphanès avait fait bâtir sur ce mont une citadelle à laquelle était attaché son nom. Tout près de là était aussi le palais d'Hélène, reine des Adiabéniens.

Le mont Acra se serait trouvé ainsi à la place où l'on

voit, à Bordeaux, l'église cathédrale de Saint-André, et le palais d'Hélène sur le sol de l'ancien archevêché, touchant la rue Sainte-Hélène.

Parmi les édifices les plus célèbres situés au nord-est du temple de Salomon, dans la ville centrale, et à une distance égale de ce Temple et du Cédron, c'est à dire à environ deux ou trois cents pas, à l'intérieur, était le palais de Pilate et des Gouverneurs romains, qui serait représenté à Bordeaux par l'église Saint-Pierre, et dont la porte principale s'ouvrait, à l'occident, sur une petite place.

On arrivait, du côté du Cédron, au palais de Pilate par la porte de la Vallée, et de derrière le temple, par plusieurs rues. Le Prétoire était au-devant. Un escalier de marbre de vingt-huit marches servait à y monter, en venant de la petite place. Cet escalier a été transporté à Rome, où il est connu sous le nom de Scala-Santa. Mais ce monument ou palais n'est plus depuis longtemps, à Jérusalem, qu'un monceau de ruines, d'où l'on découvre le vaste emplacement du Temple de Salomon et la mosquée qui l'a remplacé. Tout près, se trouvait une caserne ; on y montre le lieu où Jésus fut condamné.

Enfin, pour ce qui concerne la ville centrale, elle avait au nord et au nord-ouest du palais de Pilate, le long et large cours dont il a été fait mention, lequel, s'étendant du levant au couchant, séparait Jérusalem proprement dite de *Bézétha* ou la nouvelle ville, dans laquelle un seul monument, dont il va être question, aurait trait aux événements de la Semaine sainte.

Ce cours ne serait autre, à Bordeaux, que le cours du Chapeau-Rouge, suivi de celui de l'Intendance.

Le monument unique à remarquer dans *Bézétha*, était vers le milieu nord-ouest de cette voie, à sa droite. Il était connu sous le nom de Palais d'Hérode Ascalonite, roi des Juifs, qui ordonna le massacre des Innocents. Il était d'une imposante sculpture et d'une grande somptuosité, environné de belles promenades et de fontaines faisant jaillir l'eau par des figures de bronze; et à quelque distance du nord se trouvait un marché au bois.

Ce palais, ces promenades, ces jets d'eau et ce marché, pourraient, jusqu'à certain point, être à Bordeaux, le Grand Théâtre ou le théâtre des Variétés, les allées de Tourny avec leurs bassins et leurs eaux jaillissantes, et la promenade des Quinconces.

Parallèlement à la grande voie qui séparait la ville inférieure de la ville nouvelle ou *Bézétha*, de l'est à l'ouest, et entre la partie occidentale de cette voie, ou plutôt de ce cours, et le palais de Pilate, s'étendait une rue moins large; on y aboutissait de divers côtés, en venant soit du grand cours, soit du palais de Pilate. Cette rue allait, en droite ligne, aboutir du Cédron à la Porte judiciaire, qui faisait face au soleil couchant. Les Jébuséens appelaient cette porte du nom de *Jébus*; et sur une place voisine, un peu plus loin à l'occident, on mettait à exécution les sentences de mort; en s'arrêtant au centre de la même place et en se tournant vers le levant, on apercevait tout à la fois, à gauche le grand cours séparatif des deux villes et conduisant au palais d'Hérode, et à droite la Porte judiciaire et l'entrée de la longue rue parallèle au même cours.

Les noms étant changés, on pourrait avoir en vue les rues Saint-Remy et Porte-Dijeaux ; la Porte-Dijeaux même, dont le nom latin *Jovis*, n'est pas sans analogie avec Jébus ; et enfin la place Dauphine, au milieu de laquelle l'échafaud révolutionnaire de 1793 fit couler le sang de tant de victimes.

Si nous n'avions pas résolu de resserrer nos indications dans les bornes du sujet spécial que nous avons annoncé, nous pourrions, entre autres rapprochements particuliers et plus ou moins curieux, signaler encore *les Cyprès de la montagne de Sion,* dont parle l'Ecriture-Sainte, situés à l'extrémité sud-est de la ville, comme l'est à Bordeaux l'*Hospice des Enfants-trouvés ;* le *tombeau de David, de Salomon et des Rois de Juda,* dont la situation et la forme ressemblaient fort à celles de notre *hôpital Richelieu ;* la *maison et le jardin à l'usage du public,* placés à l'ouest du mont *Acra,* ainsi que l'est la *Mairie* de Bordeaux, à l'ouest de la cathédrale ; la *grande place de la porte d'Ephraïm* que représenterait la *place du Grand-Théâtre ;* l'*Amphithéâtre* ou Cirque où le peuple juif allait voir le combat des gladiateurs et des bêtes, et placé à Jérusalem, comme l'est à Bordeaux le *Cirque,* d'une moindre étendue, de la rue Judaïque Saint-Seurin ; la ville nouvelle ou *Bézétha,* au nord, que rappellerait le quartier des Chartrons et des Quinconces, etc. — Mais, par rapport au plan et aux récits qui doivent nous occuper, il ne nous reste à faire connaître qu'un seul lieu ; c'est le plus imposant de tous. Ce lieu était en dehors de la ville, entre le couchant et le nord, à quelques minutes de la Porte judiciaire. Longtemps marqué d'infâmie, mais sanctifié par la Passion de Jésus-Christ, il est devenu et demeurera éternellement l'objet de la vénération des anges et des hommes.

A Jérusalem, c'était le Calvaire ; à Bordeaux, ce serait l'église Saint-Seurin.

Le Calvaire, appelé en syriaque et en hébreu *Golgotha*, nom qui signifie *le crâne*, *la tête*, *le chef*, fut, on le sait, le lieu sur lequel s'éleva l'étendard de notre salut. La tradition de Jérusalem porte que là même furent ensevelis le Sauveur des hommes et le premier pécheur. Les saints docteurs des premiers siècles ont conservé à l'Eglise la mémoire d'un fait si frappant, et c'est pour cela que, dès l'origine du Christianisme, on a adopté la coutume de placer un crâne humain au pied de l'image du Rédempteur crucifié.

« Il convenait, sans doute, comme l'a fait observer l'abbé
» Ratisbonne dans l'histoire de saint Bernard, que les pré-
» mices de notre vie fussent placés dans le lieu où avaient été
» déposées les prémices de notre mort. »

» Si le jour plus particulièrement destiné à nous rappeler
» la mort de Jésus-Christ, a dit encore Mgr Mislin, dans
» son beau livre des *Saints lieux*, nous ne pouvons lire
» sans une émotion profonde ces paroles de l'Evangile : *Et*
» *Jésus, poussant un cri, dit : Mon père, je remets mon âme*
» *en vos mains ; et, disant ces paroles*, IL EXPIRA ; qu'on se
» figure ce qu'on éprouve quand on se trouve au lieu même

» où ce cri a été entendu, où la terre a tremblé, où les
» morts sont sortis du tombeau, où la nature entière a pris
» le deuil pour l'Homme-Dieu expirant sur la croix ! »

Le lieu du Calvaire était, dans le temps de la Passion, non un mont, mais une partie du plateau supérieur des montagnes de la Judée auquel se reliait le mont de Sion, comme un promontoire. La dénomination de *mont*, qui ne se trouve pas dans l'Evangile, n'est pas ancienne. Il est vrai, cependant, qu'à partir du palais de Pilate, le terrain s'élève graduellement pour arriver au Calvaire, ce qui a pu lui faire donner le nom de mont par les pélerins.

Ce lieu, le plus sacré de l'univers, a été, comme on le voit aujourd'hui, enfermé dans une belle chapelle, sur ce point de la ville. On y arrive par un escalier qui a dix-huit marches, et on y voit la place du crucifiement, c'est-à-dire, l'endroit où la Croix fut renversée, quand on y cloua Notre-Seigneur Jésus-Christ ; le trou où la Croix fut plantée après que le Sauveur y eut été cloué ; la fente large et profonde que fit le tremblement de terre, et qui descend dans le rocher, à peu près à un pied de la croix du mauvais larron ; la place de la croix du bon larron, à quatre pieds et demi aussi à peu près de celle de Jésus, tandis que celle du mauvais larron est à six pieds plus loin ; enfin la place d'où la Sainte-Vierge, saint Jean l'Evangéliste et quelques autres saintes femmes contemplaient avec douleur la tragédie sanglante du crucifiement.

Ah ! puisque cette mer immense de tourments où Jésus et Marie furent plongés, est devenue pour les pécheurs un fleuve de paix et une source de bénédictions, ne nous laissons point abattre en y fixant nos regards; reprenons courage, au contraire, et parcourons la Semaine sainte, le Chemin de la Croix et les épreuves par lesquelles y arriva lui-même le divin Sauveur.

III.

LA SEMAINE SAINTE

A JÉRUSALEM ET A BORDEAUX.

Personne n'ignore que la Semaine sainte est celle qui termine le jeûne du Carême. Dès le IVe siècle, saint Jean Chrysostôme, dans une de ses homélies, lui donnait le nom de *grande semaine*. Elle fut aussi longtemps appelée, comme elle l'est encore en Allemagne, *semaine peineuse*, ou *semaine des tristesses et des souffrances;* enfin elle a été souvent qualifiée de *semaine d'indulgence*, parce qu'alors les pécheurs sont en état de pénitence. « Ces noms divers, a
» dit Mgr Wiseman, reportent assez au grand événement
» qu'on y célèbre, et qui, seul, dans les annales du monde,
» justifie les uns et les autres par la réunion qu'il offre, et
» de plus de grandeur et de majesté, comme aussi de plus
» d'affliction et de deuil que n'en présente aucune autre
» histoire. C'est une semaine, pour ainsi dire, choisie et
» consacrée dans l'année, pour sympathiser aux souffrances
» du Rédempteur. »

Le théâtre de la Passion qui fait le sujet de ce drame divin, à le considérer depuis la montagne des Oliviers jusqu'au Calvaire, n'occuperait pas tout à fait une lieue de terrain, en ligne directe, ainsi qu'en a été faite la remarque par d'Anville et Chateaubriand; mais ce fut une course ou plutôt des courses bien plus longues, plus pénibles et souvent renouvelées, auxquels l'Homme-Dieu voulut se soumettre pour le salut du genre humain. Essayons cependant de suivre, en quelque sorte, pas à pas et heure par heure, l'auguste victime, depuis la veille du Dimanche des Rameaux jusqu'au jour de Pâques; et s'il nous est difficile plus qu'à tout autre de retracer avec des couleurs convenables des scènes si solennelles et si attendrissantes, tâchons du moins de racheter cette impuissance par l'exactitude, aussi rigoureuse que possible, des lieux et du temps.

De pieux géomètres, MM. Pétrus Poteus et Matthieu Steenbere, docteur en théologie, entreprirent, il y a quelques années, d'aller mesurer le terrain à Jérusalem, sur le lieu même, et de constater, avec une extrême précision, l'espace parcouru par le Christ dans la Voie de la captivité et dans le trajet du palais de Pilate au Calvaire. Après de laborieuses et soigneuses recherches, ils découvrirent un moyen facile de se faire un Chemin de croix, n'importe en quel lieu, dans sa maison ou alentour, dans un jardin ou parterre, en faisant plusieurs tours ou revenant sur ses pas; enfin, dans l'église, où toute personne, à l'aide de son imagination, et sachant cette mesure si précise, peut méditer avec une ferveur plus soutenue, connaissant mieux tout ce qu'a souffert pour elle le Dieu sauveur. Les auteurs de ce travail disposèrent, d'après cette mesure, un Chemin de croix à Louvain, à Malines, à Vilvorde et autres lieux du Brabant. C'est ce que nous apprend M. l'abbé André Dupuis, dans l'ouvrage déjà cité, où il recommande ces deux zélés personnages aux prières des chrétiens. Avec quelle plus douce satisfaction ne se seraient-ils pas rendus et trouvés à Bordeaux, s'ils avaient su qu'ils pouvaient, dans cette ville privilégiée, faire, mieux qu'en aucun autre lieu du monde, l'application des résultats de leurs courses lointaines et de leurs consciencieuses investigations? Sans nul doute ils n'auraient point hésité à consacrer toute une semaine sainte à visiter le côteau de Floirac, la montagne du Cypressat, la route de La Bastide, les Queyries, sur la rive droite du fleuve de la Garonne; et sur la rive gauche, le rivage, les portes, les églises et chapelles, les quartiers, tous les endroits enfin où une touchante illusion leur aurait fait retrouver les Saints lieux immortalisés par la présence du Fils de Dieu! Heureux si nous pouvions, à notre tour, inspirer la même pensée et la même résolution à d'autres pélerins!

Avant de mettre le lecteur en situation de réaliser ce projet, il importe toutefois d'expliquer, en très-peu de mots, ce qu'étaient, chez les Juifs, les jours et les heures : Nous empruntons cette explication à l'excellent traité de l'ancien et du nouveau Testament, par l'abbé J. B. Glaire.

Les Juifs divisaient en quatre portions la durée de la présence du soleil sur l'horizon ; chacune de ces divisions était de trois heures ; mais, comme en été, le soleil est sur l'horizon plus longtemps qu'en hiver, ces heures étaient plus longues dans la première saison que dans la seconde; ces divisions se nommaient première, troisième, sixième et neuvième heures. La première heure commençait au lever du soleil et durait environ trois de nos heures; la troisième commençait trois heures après le soleil levé et finissait à midi; la sixième commençait à midi et se terminait à peu près au moment où il est pour nous trois heures après midi; alors commençait la neuvième heure qui finissait au coucher du soleil, de telle sorte que la dernière heure de la quatrième division était la douzième du jour. C'est ainsi que Saint-Marc compte les heures. — On divisait encore quelquefois le jour en douze heures, en ce sens que la première heure commençait au lever du soleil, la sixième répondait à midi et la douzième finissait au soleil couchant. « N'y a-t-il pas » douze heures au jour ? demande Jésus-Christ, dans l'E- » vangile selon saint Jean ; » et c'est d'après cette division que cet évangéliste compte les heures.

Du temps de Jésus-Christ, les Juifs, à l'instar des Romains, partageaient la nuit en quatre veilles : la première commençait au coucher du soleil, durait trois heures et s'appelait le soir; la seconde veille s'étendait jusqu'au milieu de la nuit, et était appelée *le minuit ;* la troisième durait jusqu'à trois heures du matin ; c'était avant le chant du coq ; enfin la quatrième finissait avec le lever du soleil, c'était la pointe du jour.

Les Juifs avaient aussi la semaine ou période de sept

jours. Tout le monde sait que le septième jour était pour eux un jour saint et consacré au repos ; de là le nom de *Sabbat* qu'il a toujours porté. C'était le principal jour de la semaine.
— Les jours n'avaient point de noms particuliers ; on les désignait par premier, second, troisième du *sabbat*, ce qui répondait à dimanche, lundi, mardi, etc.; et le sabbat proprement dit, répondait à notre samedi. Ce sont les Egyptiens qui ont donné aux jours de la semaine les noms dont les nôtres sont dérivés.

Enfin, voici quels étaient chez les Hébreux, les noms des douze mois de l'année sacrée, mis en correspondance des mois de notre année : — 1° *Nisan*, de trente jours, commençant à la nouvelle lune du mois de mars, 2° *Ziv*, de vingt-neuf jours, commençant à la nouvelle lune d'avril ; 3° *Sivan*, de trente jours, commençant à la nouvelle lune de mai ; et ainsi de suite, 4e-5e-6e-7e-8e-9e-10e-11e-et-12e, *thammouz, ab, élval, tischri, boul, kislév, tébéth, schebat* et *adar*, toujours alternativement de trente et de vingt-neuf jours, jusqu'au dernier, commençant à la lune de février.

Après avoir posé ces notions sommaires d'un calendrier qui peut être d'une utilité plus générale, dans la lecture de l'ancien et nouveau Testament, il s'agit d'arriver au récit des événements dignes de toute l'attention des hommes. Nous le ferons jour par jour.

Avant le temps de la Passion, Jésus-Christ n'avait été vu, du moins d'après le texte des Evangiles, que six fois seulement à Jérusalem ; — la première, lorsque Marie et Joseph allèrent le porter au Temple où le vieillard Siméon prophétisa le redoutable avenir de l'Enfant-Dieu ; la seconde, lorsqu'à l'âge de douze ans, accompagné de son père et de sa mère, pour la solennité de Pâques, il les laissa partir sans lui et demeura dans Jérusalem, où il fut retrouvé, trois jours après, assis au milieu des docteurs qu'il interrogeait ; la troisième, au commencement de sa vie publique, quand, ayant été invité aux noces de Cana, petite ville de la basse Galilée, il se rendit de là avec sa mère, à Capharnaüm, où il demeura peu de jours, après lesquels, suivi de ses nouveaux disciples, il alla à Jérusalem pour la fête de Pâques ; ce fut alors qu'il fut remarqué, chassant du Temple, pour la première fois, les vendeurs de bestiaux et les changeurs d'argent ; — la quatrième, six mois avant sa mort, lorsqu'à la fin de septembre ou aux premiers jours d'octobre, au milieu de la fête des Tabernacles, arrivé secrètement à Jérusalem, il monta au Temple et se mit à enseigner ; — la cinquième, pour la fête de la dédicace du Temple ; — enfin la sixième, au mois de mars, pour la cérémonie de l'Agneau pascal. Ce fut alors que s'étant mis en route pour Jérusalem avec ses disciples, il fit ses premiers pas dans la carrière de la Passion.

Le Samedi avant le Dimanche des Rameaux.

C'était le sixième jour avant la fête de Pâques, au commencement du printemps, et le dix-neuvième jour du mois de mars. Le soleil venait de descendre sous l'horison, en face de la montagne des Oliviers, au sommet, et au levant de laquelle était le bourg ou village de Béthanie, situé à trois quarts de lieue de Jérusalem. (28) La journée du *Sabbat* finissait, et le crépuscule permettait à peine d'apercevoir encore, de ce bourg, un ou deux faîtes de monuments et de quelques maisons de Jérusalem, au couchant, comme toutes les fois que les ténèbres prenaient possession du monde.

Avant de se diriger vers la ville où ses ennemis l'attendaient, pour s'emparer de lui, comme le Sanhédrin en avait donné l'ordre, Jésus se rendit d'abord dans ce village où il s'était montré plusieurs fois, et où on aimait à le voir revenir. C'était là que, quelque temps auparavant, comme on l'a déjà dit, il avait opéré le miracle de la résurrection de Lazare, révélation et gage de sa propre résurrection qui avait mis le comble à la rage de ses ennemis; là encore il avait paru vouer une affection toute particulière à la demeure de Marthe, miroir de l'innocence; de Marie, exemple de la pénitence, et de Lazare, modèle de la charité, formant ensemble, suivant les expressions charmantes du Révérend Père Ventura, un bouquet vivant des fleurs spirituelles les plus agréables à l'odorat de Dieu. — Jésus entra donc dans la demeure de *Simon le lépreux*, accepta le sou-

(28) La montagne des Oliviers étant un peu au-dessous de Béthanie, est indiquée dans les *Actes des Apôtres* (I. 12), comme *éloignée de Jérusalem de tout le chemin qu'on peut faire un jour de sabbat*, c'est-à-dire, selon les commentateurs, d'environ trois-quarts de lieue, et c'est justement la distance mesurée du pont de Bordeaux à la jonction de la route de Floirac avec celle de Tresse.

per qui lui fut offert de bonne grâce, et fut heureux d'y rencontrer ses trois amis, Marthe, Marie et Lazare, leur frère. Ce dernier partagea le repas du divin Maître; et lorsqu'ils furent près de finir, Marie versa de l'huile parfumée de vrai nard sur la tête du Sauveur, et répandit le reste sur ses pieds, qu'elle essuya avec ses cheveux. Le vase était d'albâtre; lorsqu'elle l'eût vidé, elle le cassa pour faire honneur à l'hôte bien-aimé, et pour enseigner qu'il faut quitter pour lui tout ce que l'on a de plus cher. Les disciples et Judas Iscariote murmurèrent de ce sacrifice; mais, qu'importait à Marie-Madeleine l'opinion et la prudence du monde ? Ne fut-elle pas récompensée de sa reconnaissance au-delà de toute attente, par ces paroles : « Laissez là cette femme. Pourquoi » lui faites-vous de la peine ? Ce qu'elle vient de faire est » une bonne œuvre. Vous avez toujours des pauvres parmi » vous, et vous pouvez leur faire du bien, quand vous vou-» lez ; mais, pour moi, vous ne m'avez pas pour toujours. »

D'après le sentiment du Révérend Père Guéranger, « le » saint Evangile, qui observe toujours une discrétion pleine » de mystères sur la mère de Jésus, ne nous dit point » qu'elle était, dans cette soirée, à Béthanie ; mais il est im-» possible d'en douter. Les apôtres s'y trouvaient aussi et » prirent part au repas. »

Beaucoup de juifs, informés de l'arrivée de Jésus à Béthanie, y accoururent le soir et dans la nuit ; la même nouvelle se répandit rapidement aussi dans Jérusalem qu'inondaient les étrangers venus en foule, selon l'usage, de toutes les parties de la Judée, afin d'assister à la fête.

Jésus savait bien que sa mort était résolue ; loin de vouloir s'y soustraire, il arrêta dans son esprit le dessein généreux de se rendre dès le lendemain à Jérusalem, où l'attendait l'ovation prédite par le prophète Zacharie

[Le Dimanche des Rameaux.

A la quatrième veille, c'est-à-dire dès la pointe du jour, une grande quantité de peuple sortit de la ville, pour aller au-devant de Jésus. Plusieurs prirent des branches de palmiers qu'ils arrachaient des arbres plantés le long du chemin de Jérusalem à Béthanie (29) et qu'ils jetaient partout où il devait passer.

Dans le même temps, Jésus et ses disciples quittaient Béthanie, où ils laissèrent Marie, sa mère, les deux sœurs Marthe et Marie Madeleine et Lazare. Lorsqu'ils furent arrivés près de Betphagé (30), Jésus envoya deux de ses disciples, qui, selon quelques interprètes, étaient Pierre et Philippe, et il leur dit : « Allez à ce village qui est devant vous,
» et vous y trouverez, à l'entrée, une anesse *liée*, et auprès
» d'elle son ânon, que personne n'a encore monté, et qui,
» par conséquent, peut servir à un usage sacré; déliez-la,
» ainsi que l'ânon, et amenez-les moi. Si quelqu'un vous
» dit quelque chose, dites-lui que le Seigneur en a besoin,
» et aussitôt il les laissera emmener. » Suivant les saints Pères, l'ânesse figurait le peuple juif, qui, dès longtemps, avait été placé sous le joug de la loi, et l'ânon, « sur le-

(29) De Bordeaux au montant de la côte. — (30) Maisons avant le bourg de La Bastide.

» quel, dit l'Evangile, nul homme n'était encore monté », représentait la Gentilité indomptée jusqu'alors (31). Les disciples obéirent, et amenèrent à leur maître l'humble monture qu'il avait demandée; ils la couvrirent de leurs vêtements et ils y firent placer Jésus.

Le Sauveur traversa ainsi le bourg, à partir de la route venant de la montagne des Oliviers (32), au milieu de la multitude qui étendait aussi une partie de ses vêtements le long du chemin, en s'écriant : « *Hosanna (salut et gloire) au* » *fils de David! Béni soit celui qui vient au nom du Seigneur.* » *Hosanna! lui soit au plus haut des cieux!* » Ces exclamations avaient pour cause le souvenir de plusieurs miracles récents et les espérances qu'avait fait concevoir leur auteur.

Du pied de la montagne des Oliviers, Jésus suivit et traversa la vallée de Josaphat (33); mais avant d'arriver à l'extrémité de cette vallée, et au bord du torrent de Cédron, il s'arrêta, et de là, regardant la ville, il pleura sur elle et il s'écria : « Ah! si tu reconnaissais au moins, en ce jour qui » t'est encore donné, ce qui peut te procurer la paix! Mais » maintenant tout cela est caché à tes yeux! Aussi viendra-t- » il un temps malheureux pour toi où tes ennemis t'environ- » neront de tranchées; ils t'enfermeront et te serreront de » toutes parts; ils te renverseront par terre avec tes en- » fants. et ils ne te laisseront pas pierre sur pierre, parce

---

(31) Voir *La Passion*, par le R. P. Guéranger. — (32) Du pied de la côte. — (33) Le chemin de La Bastide qui divise la plaine des Queyries ou les Palus.

» que tu n'as pas connu le temps auquel Dieu t'a visitée. »
Bientôt après, entouré du même cortége que grossissaient
les habitants de Jérusalem, et qui agitait en l'air des palmes, Jésus continua sa marche, d'abord jusque devant la
porte de la fontaine (34), puis, à droite, vers la porte dorée (35). Les uns demandaient : « Qui est celui-ci ? » et
d'autres répondaient : « C'est Jésus, le prophète, qui est de
» Nazareth, en Galilée : » et il entra au Temple. Troublés
de cet enthousiasme et de ces acclamations réitérées et proférées par des enfants : « *Hosanna (honneur et gloire) au*
» *fils de David!* » Les Princes des prêtres et les Scribes lui
dirent d'un ton courroucé : « Entendez-vous bien ce qu'ils
» disent? » — « Oui, leur répondit Jésus, mais, vous,
» n'avez-vous jamais lu cette parole ? » « Vous avez tiré la
» louange la plus parfaite de la bouche des petits enfants et
» de ceux qui sont à la mamelle. » — Vainement Jésus fit-il, dans cette journée, plusieurs fois entendre sa parole aux
Juifs; vainement invoqua-t-il comme garants de sa mission
les miracles que beaucoup avaient déjà vus; vainement enfin, s'appuya-t-il des déclarations de son Père pour ne laisser planer aucun doute sur la vérité et la divinité de la doctrine ; tout fut inutile contre leur aveuglement volontaire
et l'endurcissement de leur cœur.

Comme il était déjà tard, Jésus acheva de regarder toute
la partie du Temple où il avait été suivi par la multitude, il
se proposa de revenir le lendemain, et il s'en retourna à

---

(34) La porte Bourgogne ou des Salinières. — (35) La porte du Palais.

Béthanie avec ses douze apôtres, en suivant la même route par laquelle ils étaient venus le matin.

Le R. P. Dom Prosper Guéranger, insiste sur cette considération que Jésus, honoré le matin d'un triomphe solennel, fut réduit, le soir, à aller chercher la nourriture et le repos hors de la ville qui l'avait accueilli avec tant d'acclamations. — Et il ajoute : « Dans les monastères des Carmélites de la » réforme de Sainte-Thérèse, il existe un usage touchant » qui a pour but d'offrir au Sauveur une réparation pour » l'abandon dont il fut l'objet de la part des habitants de » Jérusalem. On dresse une table au milieu du réfectoire et » on y sert un repas; après le dîner de la communauté, ce » repas offert au Sauveur du monde est distribué aux pau- » vres qui sont ses membres. »

Le Dimanche dont il vient d'être question, communément appelé *Dimanche des Rameaux*, ou des *Palmes*, se nomme encore *Dimanche d'Hosanna*; nos pères enfin lui donnaient le nom de *Dimanche de Pâque fleurie*, parce que la Pâque qui n'est plus qu'à huit jours d'intervalle, est aujourd'hui comme en floraison. « C'est en souvenir de cette appellation, » dit aussi le R. P. Guéranger, que les Espagnols ayant dé- » couvert, le Dimanche des Rameaux de l'an 1513, la vaste » contrée qui avoisine le Mexique, lui donnèrent le nom de » Floride. »

Le Lundi saint.

Après avoir passé la nuit à Béthanie, Jésus en repartit le lundi, de bonne heure, avec ses disciples; chemin faisant vers Jérusalem, et à une demi-lieue de distance avant d'y arriver, c'est-à-dire, presqu'en sortant de Béthanie (36), il parut avoir faim; voyant de loin un figuier qui avait des feuilles, il s'en approcha, et n'ayant trouvé aucun fruit (ce qu'il savait bien d'avance, à cause de sa science divine et de la saison), il dit, s'adressant au figuier même : « *Que jamais* » *personne ne mange de ton fruit* ! » allusion que les disciples entendirent, et qu'ils appliquèrent aux Juifs, ainsi qu'ils l'avaient fait auparavant pour la parabole du figuier stérile.

Comme la veille, il se rendit d'abord au Temple, au premier parvis, dans la galerie où se réunissaient les hommes et les femmes; la foule l'entourait; quelques Gentils qui étaient venus à la fête, s'adressèrent à l'apôtre Philippe, et lui dirent : « *Nous voudrions bien voir de près Jésus!* » Philippe fit part de ce désir à André, et tous les deux en parlèrent à Jésus, qui répondit qu'en effet l'heure était arrivée où le Christ devait être glorifié, quoique n'étant venu que pour glorifier son Père et pour sauver les hommes par sa mort : et à ce sujet, comme pour donner l'exemple des sentiments que fait éprouver la fin de la vie humaine et de la fermeté avec laquelle on doit l'attendre, il dit encore : « *Maintenant mon âme est troublée... Dirai-je? Mon père, sauvez-moi de cette heure-là. Non : c'est pour cette heure* » *même que je suis venu. Je dirai seulement : mon père, glori-* » *fiez votre nom...* » Au même instant, une voix se fit entendre du Ciel, qui dit : « *Je l'ai déjà glorifié, et je le glo-*

(36) Sur le penchant de la côte de Cenon où sont des figuiers en grand nombre.

» *rifierai encore.* » Les uns prirent les sons de cette voix pour un coup de tonnerre ; d'autres dirent que c'était un ange qui avait parlé, à quoi Jésus répondit : « *Ce n'est pas* » *pour moi; mais c'est pour vous que cette voix s'est fait en-* » *tendre.....* »

Le même jour, il eut à remarquer pour la seconde fois, que, par abus de la tolérance de vendre dans le parvis des Gentils, des agneaux, des pigeons, du pain, du vin, du sel et d'autres choses nécessaires pour les sacrifices, on avait établi dans ce lieu un marché public et on y transportait toutes sortes d'ustensiles. Il renversa les tables des changeurs et les siéges des vendeurs de colombes, et il chassa du temple tous ceux qui prenaient part à ce négoce frauduleux, en leur rappelant les paroles d'Isaïe, sur le respect dû aux lieux consacrés à la prière. « Parmi tous les » miracles, dit saint Jérôme, le plus grand me paraît être » qu'un homme destiné à être crucifié quelques jours après » par la haine et l'envie, pût seul chasser du Temple tous » les marchands avec leurs marchandises. Mais, ajoute-» t-il, les yeux du Sauveur étincelaient comme des éclairs, » et la majesté du Dieu resplendissait sur son visage. »

Il n'en fallait pas davantage pour mettre le comble à la fureur des Prêtres et des Scribes ; le Sanhédrin fut de nouveau convoqué ; il n'osa agir trop ouvertement, parce que le peuple avait montré une vive sympathie pour Jésus ; mais les moyens de s'emparer de sa personne, par la violence ou la corruption de ceux qui l'approchaient, furent concertés, et il était facile de prévoir le triomphe de l'impiété. Cependant, les Juifs ne comprenaient pas ce qui était près de se réaliser, et quand Jésus leur disait que bientôt il serait élevé de la terre, ils lui répondaient : « *Nous avons appris de la loi que* » *le Christ doit demeurer éternellement. Comment donc pré-* » *tendez-vous qu'il faut que le Fils de l'homme soit élevé de la* » *terre et qu'il doit monter au Ciel ? Qui est ce Fils de* » *l'homme ?* »

La nuit approchant, Jésus sortit de la ville, et regagna les hauteurs de la Montagne des Oliviers. Là, il s'assit un moment, comme pour contempler Jérusalem. Ses disciples lui demandèrent alors à quelle époque auraient lieu les châtiments prédits contre le Temple ; à quoi il répondit ainsi, pour ce qui était de la ruine de Jérusalem en particulier : « *En vérité, je vous le dis : cette génération d'hommes ne* » *passera pas que toutes ces choses ne soient accomplies.* » En effet, quarante ans plus tard, l'armée romaine se préparait du haut de la Montagne des Oliviers, à exterminer le peuple déicide. L'Écriture ne dit point, mais il est probable que ce soir-là, Jésus se retira chez ses amis de Béthanie, auprès de sa mère.

Le Mardi saint.

Pour la troisième fois, Jésus, dès le matin, se remit en route vers Jérusalem, accompagné des apôtres. Tous, en passant, portèrent leurs regards vers le figuier maudit ; il s'était, en vingt-quatre heures seulement, desséché jusqu'à la racine. Pierre, se souvenant des paroles de la veille, dit : « *Voyez comme le figuier que vous avez maudit est devenu*

» sec. » — *Et Jésus répondit :* « *Ayez de la foi en Dieu , et*
» *vous ferez aussi tout ce que vous voudrez. Je vous dis en*
» *vérité, ajouta-t-il,* (en montrant la montagne des Oliviers),
» *que quiconque dira à cette montagne, ôte-toi de là et te*
» *jette dans la mer, et cela sans hésiter dans son cœur, mais*
» *croyant que ce qu'il aura dit arrivera, il le verra arriver.*
» *Quoique ce soit que vous demandiez dans vos prières, croyez*
» *que vous l'obtiendrez ; et, en effet, il vous sera accordé, si*
» *vous le demandez avec une foi entière.* »

Le divin Maître et les disciples se rendirent directement au Temple où la foule les attendait avec impatience. Le Fils de Dieu parcourut tous les rangs, en continuant ses instructions auxquelles semblèrent prêter l'oreille, même les Princes des prêtres, les Scribes et les Sénateurs ; mais bientôt après, les membres du Sanhédrin vinrent l'apostropher et lui demander en vertu de quelle autorité il parlait et agissait. Il les couvrit de confusion par ses paroles : Ainsi, connaissant leurs intentions perfides, il leur dit d'abord :
« *J'ai aussi une demande à vous faire , et après que vous au-*
» *rez répondu, je vous dirai par quelle autorité je fais ces*
» *choses. Le baptême de Jean, avec la doctrine qui l'accom-*
» *pagne, était-il du Ciel ou des hommes ? Répondez-moi.* »

Ils ne s'attendaient pas à cette question et demeurèrent interdits ; ils furent contraints d'avouer qu'ils ne le savaient pas : et Jésus leur répliqua : Je ne vous dirai point non plus par quelle autorité j'agis. — « *Mais que vous semble,*
» poursuivit-il, *des autres choses que j'ai à vous dire ;* » et il leur proposa successivement la parabole des deux fils dont

l'un refuse d'abord d'aller travailler à la vigne de son père, mais ensuite s'y rend, avec regret d'avoir désobéi, tandis que l'autre promet de travailler et n'en fait rien ; — celle du père de famille ; de la vigne entourée d'une haie, des vignerons, des serviteurs battus, lapidés ou tués et du fils unique destiné lui-même à la mort ; — celle du roi invitant aux nôces de son fils et constatant qu'il y en a beaucoup d'appelés et peu d'élus ; — celle de la pièce d'argent et du tribut à payer à César.

Outre ces paraboles, Jésus eut encore à répondre, dans le même jour et le même lieu, aux Saducéens, sur la résurrection; aux Pharisiens, sur ce qui constituait le plus grand et le plus important commandement de la loi ; enfin, il eut à démasquer l'hypocrisie de ses adversaires, particulièrement des Pharisiens et des Scribes ; et après toutes ces luttes, il menaça de châtiments terribles ces ennemis de l'humanité ; toutes choses auxquelles le peuple parut prendre le plus grand intérêt, malgré les efforts faits de toutes parts pour l'égarer.

C'était à la fin de la neuvième heure (37), et le soleil avait disparu. Avant de sortir du temple, Jésus alla s'asseoir près du tronc des pauvres placé dans le parvis des Gentils ; et de là, ayant vu une femme en deuil déposant pour offrande deux petites pièces de la plus mince valeur (38), il dit à ses disciples : « *Je vous le dis en vérité, cette veuve indigente a* » *plus donné que tous ceux qui ont mis dans le tronc; car,*

---

(37) Près de six heures du soir, — (38) A peu près deux centimes de la monnaie actuelle de France.

» *tous les autres ont donné de leur abondance, mais celle-ci*
» *a donné de son indigence même tout ce qu'elle avait et tout*
» *ce qui lui restait pour vivre.* »

Jésus se leva et toujours suivi de ses disciples auxquels, devant la porte du Temple, il prédit une fois de plus sa destruction jusqu'à la dernière pierre, il parcourut de nouveau toute la vallée de Cédron; mais, arrivé au bas du chemin conduisant à Béthanie, il s'en écarta, pour gravir le long du sentier tracé sur la montagne. Quand il fut parvenu presque au sommet (39), il s'assit sur la terre, la face tournée vers le Temple de Jérusalem. Il passa la nuit dans ce lieu, où il était arrivé une demi-heure après le coucher du soleil, conversant avec ses disciples, leur donnant des explications sur la destruction du Temple, sur la fin des temps, sur les signes précurseurs de cet événement, sur les moyens de s'y préparer, sur le jugement dernier. On trouve à propos de tous ces points, dans les Evangiles, les sublimes paroles qui tombèrent alors des lèvres du Sauveur, ce qui dispense de les reproduire ici.

Le Mercredi saint

Quand les premiers rayons du soleil levant vinrent éclairer le désert qui s'étend vers l'orient au-delà du mont des Oliviers, et, presque en même temps, dorer le faîte des édifices de Jérusalem, Jésus dit à ses disciples, alors

(39) Terrasse au-dessous de l'ancienne propriété dite *des Moines*, appartenant à la famille Deschamps-Billaudel, sur la côte du Cypressat, à Cenon, du côté du nord, en montant vers l'église.

auprès de lui, excepté Judas Iscariote, qui s'était secrètement absenté, à la fin de la nuit : « *Vous savez que la Pâque* » *se fera dans deux jours et que le Fils de l'homme sera livré* » *pour être crucifié.* » Or, cette indication de deux jours plus tard se rapportait au vendredi.

Cependant les Princes des prêtres, les Scribes et les Anciens du peuple, se trouvaient, dès le même matin, réunis, non comme auparavant au palais de Caïphe, mais, suivant la tradition, dans une maison de campagne de ce grand prêtre, située vis-à-vis du mont Sion, de l'autre côté de la vallée, hors ville, au lieu appelé montagne du Mauvais-Conseil (40).

Durant leur délibération sur l'urgence des mesures de rigueur à employer contre Jésus, Judas se présenta devant eux, et leur dit : « *Que voulez-vous me donner ? Je vous* » *le livrerai.* » Sa proposition fut accueillie avec une joie féroce. On lui offrit trente pièces d'argent (environ trente francs de notre monnaie); c'était le prix qu'on stipulait ordinairement pour l'achat d'un esclave. Il accepta la somme et promit de livrer son maître, ce qui fut exécuté, comme on le verra bientôt. Ce détestable forfait laissa un souvenir tel que, pendant plusieurs siècles, l'Eglise avait déclaré le mercredi un jour de jeûne d'obligation.

De notre temps encore, la sainte quarantaine s'ouvre par un mercredi, et lorsque l'Eglise, quatre fois dans l'année, nous impose les jeûnes qui marquent chaque saison, le mer-

(40) On pourrait supposer que cette maison du Mauvais-Conseil était située comme sur la partie de la Souys qui avoisine la rivière.

credi est fixé parmi les trois jours que l'on doit consacrer à la pénitence.

Le Jeudi saint.

Tout le monde sait qu'en mémoire de la sortie d'Egypte, les Hébreux célébraient la fête de Pâques en immolant un agneau. Le mois où s'était opérée cette sortie était, par ce motif, devenu le premier mois de l'année sainte ou ecclésiastique. Le quatorze de ce mois, entre les deux vêpres, c'est-à-dire entre le déclin du soleil et son coucher, ce qui correspond à l'intervalle compris entre trois heures après midi et six heures du soir, à l'équinoxe, on devait complètement s'abstenir de pain levé et immoler l'agneau pascal. La grande fête durait sept jours ; le premier et le septième jours étaient seuls solennels. L'agneau immolé devait être sans défaut, mâle, et né dans la même année ; on devait le manger la nuit même qui suivait le sacrifice ; et il fallait le manger en entier, ou, s'il en restait le lendemain, le jeter au feu. Ceux qui mangeaient de l'agneau rôti, avec du pain sans levain, et des laitues sauvages, pour relever le goût, devaient avoir, dans les premiers temps, l'attitude des voyageurs, c'est-à-dire les reins ceints, des souliers et le bâton à la main ; mais alors on n'observait plus rigoureusement cette prescription de la loi de Moïse.

C'était donc la fête des azymes, en cette année-là, un vendredi, mais d'après la loi et l'usage de compter parmi les juifs, la fête commençait réellement la veille, jeudi, vers le coucher du soleil. Le matin, Jésus n'était point,

comme auparavant, allé à Jérusalem, et il ne s'était pas éloigné de Béthanie et de la montagne des Oliviers. Dans la matinée, les disciples lui demandèrent en quel lieu il fallait préparer le repas de Pâques. Il répondit à Pierre et à Jean : « Allez à la ville ; en y entrant, vous rencontrerez
» un homme portant une cruche d'eau ; suivez-le dans la
» maison où il ira, et vous direz au père de famille de cette
» maison : « *Le maître vous envoie dire : Où est le lieu où je*
» *dois manger la Pâque avec mes disciples ?* » Il vous mon-
» trera une grande chambre haute toute meublée ; prépa-
» rez-nous là ce qui est nécessaire. » — Les disciples obéirent. Jésus avait des amis à Jérusalem ; d'ailleurs, les habitants de cette ville accordaient volontiers l'hospitalité, pour manger l'agneau pascal. Un homme, pieux sans doute, mais dont les saintes Ecritures ont laissé ignorer le nom, consentit à prêter sa demeure, située vers l'extrémité et au couchant de Sion. (41) Pierre et Jean y préparèrent la Cène, en s'assurant que le pain était sans levain, en se procurant un agneau, en le faisant immoler par les prêtres dans le Temple, à la nuit tombante, et en le faisant rôtir sans rompre les os.

Avant le coucher du soleil, Jésus se rendit au Cénacle avec ses disciples, en suivant, on doit le présumer, des voies peu fréquentées et qui sont restées inconnues, afin d'échapper aux regards de ses persécuteurs ; mais on peut supposer qu'il suivit le côté sud du gouffre de Mello. (42)

(41) L'église ou chapelle de la Madeleine. — (42) Les rues bordant le côté gauche du cours Napoléon jusqu'à la rue Lalande où se trouve l'église de la Madeleine.

Quand la nuit fut venue, c'est-à-dire vers sept heures, Jésus prit place avec ses apôtres autour de la table dressée selon le cérémonial accoutumé, et il leur dit : « *J'ai souhaité ardemment de manger cette Pâque avec vous avant de souffrir ; car je vous déclare que je n'en mangerai plus désormais, jusqu'à ce qu'elle soit accomplie dans le royaume de Dieu.* »

Vers la fin de la première partie du repas, c'est-à-dire après la manducation de l'agneau pascal et de quelques autres mêts, Jésus prit sa coupe, rendit grâces à Dieu, son Père, et dit à ses disciples : « *Prenez-la, et distribuez-la entre vous, car je vous dis que je ne boirai plus de ce fruit de la vigne, jusqu'à ce que le règne de Dieu soit arrivé.* »

Pendant cette première partie, il avait prédit la trahison de Judas, sans le nommer, mais en affirmant que le traître était l'un des douze qui mangeaient à table avec lui.

A la seconde partie, accomplissant la promesse qu'il avait faite, deux années auparavant, au désert, lorsqu'il avait multiplié le pain matériel, il institua le Saint Sacrement de l'Eucharistie, ce qui est expliqué au long dans l'Evangile. Alors, selon le récit de saint Paul aux Corinthiens, le Seigneur Jésus prit du pain, et rendant grâces, le rompit et dit : « *Recevez et mangez ; ceci est mon Corps, qui sera livré pour vous ; faites ceci en mémoire de moi.* » Ainsi fit-il pour la coupe, après le repas, et il dit : « *Cette coupe est par mon sang un Testament nouveau. Faites, chaque fois que vous y boirez, ce que je viens de faire, en mémoire de moi ; car toutes les fois que vous mangerez ce pain et que vous*

» *boirez de cette coupe, d'ici à l'avènement du Seigneur, vous*
» *représenterez sa mort.* »

Comme on l'a vu, un peu avant l'institution de cet adorable mystère, Jésus avait prédit le crime que commettrait Judas ; mais voulant donner à ses disciples une preuve nouvelle de son amour, il se leva de table, quitta ses vêtements de dessus, sauf la tunique, prit un linge et le mit comme un tablier autour de son corps ; puis, ayant rempli d'eau un bassin, il commença à laver les pieds à ses disciples sans exception, et il les leur essuya avec le tablier ; enfin, après avoir encore donné un avertissement indirect à Judas, il reprit ses vêtements et se remit à table.

Jésus ayant plus clairement prédit aux apôtres sa fin prochaine, ils discutèrent quel autre maître ils pourraient avoir et lequel d'entre eux devait être estimé le plus grand ; il mit fin à cette contestation, en leur expliquant le sens de ce qu'il avait fait avec tant d'humilité ; et comme il revenait sur la trahison de l'un d'eux, Jean, le disciple bien-aimé, à qui Simon-Pierre fit signe de s'enquérir du traître, obtint cette réponse faite à voix basse : « *C'est celui à qui*
» *je présenterai du pain que j'aurai trempé.* » Jésus, ayant donc trempé du pain, le donna à Judas, en lui disant :
» *Faites au plus tôt ce que vous avez à faire.* » Sur quoi, Judas reçut le morceau de pain, et quitta aussitôt le Cénacle.

On était à la fin de la première veille (neuf heures du soir) ; durant encore une heure, Jésus entretint les onze apôtres restés auprès de lui, de l'approche de sa séparation d'avec eux ; il leur recommanda de s'aimer les uns les autres ; il fit comprendre à Pierre qu'il le renierait trois fois avant que le coq eût chanté, et qu'il serait un jour le chef de l'Eglise ; puis, il s'efforça de consoler ses apôtres, en leur annonçant qu'il allait leur préparer une place dans la maison de son Père ; il termina, en leur disant : « *Je ne vous* » *parlerai plus guère ; car le prince de ce monde va venir,* » *quoi qu'il n'ait rien en moi qui lui appartienne, mais afin* » *que le monde connaisse que j'aime mon Père, et que je fais* » *ce que mon Père m'a ordonné.* »

Tous, maître et disciples, se levèrent de table, dirent l'hymne en actions de grâces et sortirent du Cénacle vers dix heures. Jésus continua, en traversant les rues de Jérusalem jusqu'à la porte dorée ou orientale (43).

Au lieu de tourner à droite, comme il l'avait fait les jours précédents, on peut supposer qu'accompagné de ses apôtres, devenus plus tristes, et voulant éviter toute rencontre, il franchit d'abord le torrent de Cédron, en droite ligne, puis la vallée et un chemin direct vers la montagne des Oliviers (44). Chemin faisant, dans cette vallée mystérieuse, il donna à ses disciples ses instructions entremêlées de paraboles et ses assurances qu'il demeurerait en eux, si ceux-ci demeuraient en lui, comme le cep de la vigne demeure attaché aux branches. Il leur promit, au surplus, de leur envoyer bientôt, de la part de son Père, le Consolateur, l'Esprit de vérité.

(43) La porte du Palais. — (44) L'ancien chemin dit de *l'Eglise*, à travers les Queyries.

Tandis encore qu'ils marchaient ensemble vers la montagne des Oliviers, il leur dit : « *Je vous ai dit ces choses, afin que vous n'en soyez point scandalisés* », paroles qu'il accompagna d'un langage plus ouvert et sans paraboles, et de supplications adressées à son Père en faveur de ses disciples, afin qu'ils fussent sanctifiés dans la vérité.

Il était onze heures de la nuit, quand Jésus arriva au jardin de Gethsémani (45); tous y entrèrent; un peu auparavant, il leur avait dit : « *Je vous serai, à tous, cette nuit, une occasion de scandale; car il est écrit : Je frapperai le pasteur, et les brebis du troupeau seront dispersées. Mais après que je serai ressuscité, j'irai avant vous en Galilée.* » Mais Pierre avait repris avec vivacité : « *Quand vous seriez pour tous les autres un sujet de scandale, vous ne le serez jamais pour moi;* » et Jésus lui avait répliqué : *Je vous le dis en vérité que, cette nuit même, avant que le coq ait chanté deux fois, vous me renoncerez trois fois.* »

La levée de Gethsémani étant parcourue (46), Jésus jeta un regard d'amour sur ses apôtres, comme pour leur dire adieu; il fit signe en particulier à Pierre et aux deux fils de Zébédée, Jacques et Jean, de le suivre, et il dit à ceux-ci, arrêtés sur un rocher (47) : « *Demeurez en ce lieu et arrêtez-vous-y, tandis que je vais aller là près pour*

(45) Enclos de M. Billaudel, à Cenon, fermé par une porte de fer à mi-route, à droite, en montant, et précédé de quelques maisons. —
(46) Le chemin montant du bas de la côte aux trois quarts, jusque devant la porte de fer de l'enclos au jardin Deschamps-Billaudel. —
(47) Entre l'enclos Billaudel et le nouveau cimetière de Cenon.

» *prier.* (48), *Priez aussi vous-mêmes, afin que vous ne soyez*
» *pas surpris par la tentation.* » Puis, en même temps, il dit
aussi à ces trois apôtres troublés : « *Mon âme est triste*
» *jusqu'à la mort; demeurez ici, et veillez avec moi.* » —
Enfin il s'en alla seul, dans la même direction, et à la distance d'un jet de pierre (49), il entra dans une grotte appelée la *Grotte de l'Agonie* (50). Là, pliant humblement les genoux, il se prosterna la face contre terre, et il pria avec ferveur, disant : « Mon père, s'il est possible, faites que ce
» calice s'éloigne de moi; néanmoins, qu'il en soit, non
» comme je le veux, mais comme vous le voulez. »

On croit qu'il était alors minuit, heure solennelle à laquelle le Messie attendu depuis tant de siècles avait, trente-trois ans et trois mois auparavant, commencé sa carrière de mépris et de souffrances, dans une autre sorte de caverne, exposé aux injures de l'air et dans un état d'abandon absolu. Ainsi il semblait avoir appliqué aux deux extrémités de sa vie ces paroles de désolation : « *Les renards ont des*
» *tanières..., les oiseaux ont leurs nids....; mais le Fils de*
» *l'homme n'a pas où reposer sa tête!* »

Le Vendredi saint.

Entre minuit et une heure, Jésus se releva et revint près des trois apôtres. Ils s'étaient tous endormis. S'adressant d'abord à Pierre, il lui dit : « *Simon, est-ce que vous dor-*

(48) Sur l'inclinaison de la côte, à quelques pas de la route. —
(49) A dix ou quinze pas. — (50) Petit bosquet joignant la route et clos par une porte de fer.

» *mez ? Quoi! vous n'avez pu veiller une heure avec moi?*
» *Veillez et priez, afin que vous ne tombiez point dans la ten-*
» *tation. L'esprit est prompt à résister, mais la chair est fai-*
» *ble et défaillante.* » Les trois apôtres s'étant réveillés ne surent que répondre.

Il retourna sur ses pas et alla encore prier une seconde fois, en disant : « *Mon père, si ce calice ne peut passer sans* » *que je le boive, que votre volonté soit faite.* »

Après une seconde prière, il revint et les trouva encore endormis, parce que leurs yeux étaient appesantis, et il les quitta, en s'en allant prier pour la troisième fois, et en disant les mêmes paroles.

Tandis que le Sauveur redoublait ses prières, tombait en agonie et laissait couler sur la terre une sueur de sang, il lui apparut un ange du Ciel qui venait le fortifier et l'encourager à mourir.

Son oraison finie, il se leva, le sang sur le visage et sur les mains, retourna à ses disciples, les réveilla et leur dit :
« *Dormez maintenant, et reposez-vous, si vous voulez tomber* » *entre les mains de vos ennemis. L'heure est arrivée, le temps* » *fixé est venu; le Fils de l'homme va être livré entre les mains* » *des pécheurs. Levez-vous donc; marchons; le traître n'est* » *pas loin.* »

Ce devait être à peu près une heure après *le mi-nuit*.

Judas, qui connaissait bien ce lieu, pour y être venu souvent avec Jésus et les disciples, et qui, depuis neuf heures du soir, où il avait quitté le Cénacle, avait pu préparer l'exécution de son crime, arriva là subitement avec une foule de soldats romains, d'agents des Princes des prêtres et de Pharisiens, portant des torches et des flambeaux. Le Sauveur fit dix ou douze pas et alla droit à Judas, qui avait donné aux complices de sa trahison ce signal de reconnaissance : « *Celui que je baiserai, c'est celui-là même que vous* » *cherchez, et qu'il faudra saisir.* » Et, en effet, Judas aborda Jésus, et lui dit, en l'embrassant : « *Maître, je vous salue.* » Sur quoi, Jésus lui adressa ces simples paroles : « *Ami,* » *dans quel dessein êtes-vous venu?* » et ajoutant : « *Eh!* » *quoi! Judas, c'est par un baiser que tu trahis le Fils de* » *l'homme!* » — Puis, se tournant vers la troupe des satellites armés, il leur dit : « *Qui cherchez-vous?* » — *Jésus* » *de Nazareth.* » — « *C'est moi.* » A ces mots, ils reculèrent épouvantés et fléchirent sur leurs jambes; mais ils se redressèrent, et Jésus leur dit une seconde fois : « *Qui* » *cherchez-vous?* » — « *Jésus de Nazareth,* » répétèrent-ils. — « *Je vous l'ai déjà dit, c'est moi. Si donc c'est moi* » *que vous cherchez, laissez aller ceux-ci en liberté.* »

Au même instant, ces hommes furieux se précipitèrent sur leur victime; Simon-Pierre, saisi d'indignation, tira son épée, en frappa un des gens du Grand-Prêtre et lui coupa l'oreille droite. Le blessé se nommait Malchus ; mais Jésus ordonna à Pierre de remettre son épée dans le fourreau, et lui dit : « *Vous savez que d'après la loi, quiconque se sert* » *du glaive pour répandre le sang, périra par le glaive... Ne* » *faut-il pas d'ailleurs que je boive le calice que mon Père a* » *préparé pour moi? Sans cela, croyez-vous que je ne pusse pas* » *prier mon Père d'envoyer sur le champ, pour me défendre,*

» *plus de douze légions d'anges ? Mais, comment s'accompli-*
» *raient les Ecritures ?* » Après cela, s'adressant à la troupe, Jésus ajouta : « *Vous êtes venus à moi avec des épées et des* » *bâtons, pour me prendre, comme si j'étais un voleur. Ce-* » *pendant, vous m'avez vu tous les jours enseignant dans le* » *temple, et vous ne m'avez point arrêté ! Mais maintenant* » *votre heure et le règne des ténèbres sont venus !* » Sans laisser continuer Jésus, les envoyés des juifs le prirent au corps, le lièrent et le garrotèrent sans résistance de sa part ; et les disciples, manquant de courage et de fidélité, prirent la fuite dans diverses directions. — Il était approximativement une heure et demie du matin.

A l'endroit où Jésus fut ainsi maltraité et saisi, commence la *Voie de la captivité*, qui se prolonge d'abord jusqu'au palais d'Anne, à celui de Caïphe, puis à celui de Pilate, sur la place et au moment où on le chargea de la croix, enfin en y ajoutant le trajet de Pilate chez Hérode et le retour, c'est-à-dire, qu'il eut à traverser, en largeur, la vallée de Josaphat, et en outre plusieurs quartiers de Jérusalem, de l'est à l'ouest et du sud au nord. (51)

Et d'abord, les émissaires des Princes des prêtres et des Anciens du peuple entraînèrent le Christ, comme un doux agneau, au milieu des clameurs et du bruit des armes, jus-

---

(51) *La voie de la Captivité* de Jérusalem, appliquée à la voie correspondante tracée à Cenon La Bastide et à Bordeaux, ne présenterait pas de très-importantes différences, pour les distances partielles et totales ; et encore, peut-on faire observer que ces différences cesseraient peut-être, si l'on savait *précisément* tous les lieux de passage du divin Sauveur.

qu'au torrent du Cédron, grossi par les pluies de l'hiver ; là, d'insolents soldats le poussèrent avec violence dans l'eau, comme l'avait prédit le Roi-Prophète par ces paroles du psaume 109 : « *Il boira, en chemin, de l'eau du torrent.* » Et en entrant en ville, par la porte de la Fontaine, (52) puis en suivant une rue à gauche (53) et remontant un peu par le pied ou le côté nord-est du mont Sion, ils conduisirent l'auguste captif à la maison d'Anne, (54) beau-père de Caïphe.

Comme il ne devait être guère que deux ou trois heures après minuit, et qu'Anne n'était pas levé, le Sauveur, en attendant qu'il pût lui être présenté, fut, selon la tradition, attaché à un arbre, sur une place voisine. (55) Cependant Anne, averti, fit comparaître Jésus devant lui, et il l'interrogea sur sa doctrine. Jésus lui répondit : « « *J'ai parlé publiquement* » *au monde; j'ai toujours enseigné devant le peuple assemblé,* » *et je n'ai rien dit en secret. Pourquoi m'interrogez-vous?* » *Interrogez ceux qui m'ont entendu ; ceux-là savent ce que* » *j'ai dit.* » A ces mots, un des assistants donna un soufflet à Jésus, qui lui répondit tranquillement : « *Si j'ai mal parlé,* » *montrez-le moi; si j'ai bien parlé, pourquoi me frappez-* » *vous ?* »

Après cette courte entrevue, mais avant le lever du soleil (56), Anne envoya Jésus garrotté chez Caïphe. (57) Pour cette nouvelle course, on dut suivre une ligne à peu près

(52) La porte Bourgogne ou des Salinières. — (53) La rue de la Fusterie. — (54) L'église de Saint-Michel. — (55) Il y a eu, jusqu'à l'année 1855, des arbres sur le petit emplacement joignant l'église Saint-Michel, du côté sud. — (56) Près de trois heures du matin. — (57) A l'église Sainte-Eulalie.

parallèle aux bords du gouffre de Mello, (58) et on dut employer un peu plus d'un quart d'heure ; aussi se trouva-t-on à la demeure de Caïphe à trois heures et demie après minuit.

On sait que les apôtres avaient fui dès le premier instant ; cependant, suivant des récits dignes de foi, il paraît certain que Pierre avait rejoint son Maître, ou du moins l'avait suivi à quelque distance, de même qu'un autre disciple, selon les uns, saint Jean, selon d'autres, le maître du Cénacle. Ce dernier aurait pénétré jusque dans la cour de Caïphe, alors Grand-Pontife, mais Pierre serait demeuré à la porte. (59) Cet autre disciple avertit la portière, vieille esclave, que Pierre était resté dehors ; elle alla chercher ce dernier, et le fit entrer dans la cour, (60) un moment après que Jésus eut été conduit de là dans la salle du conseil, après avoir subi toutes sortes d'outrages par paroles, gestes et coups. Pierre étant entré, se trouva en la compagnie des serviteurs des prêtres, se chauffant, à cause du froid, à cette époque de l'année, surtout la nuit. Il s'était aussi approché du feu, lorsque la portière étant rentrée et l'ayant regardé plus attentivement, dit aux gens qui parlaient de Jésus : — « *Celui-ci était également avec cet hom-* » *me ;* » et se tournant vers Pierre lui-même : « *N'est-il pas* » *vrai, ajouta-t-elle, que vous étiez aussi avec Jésus de Naza-* » *reth, en Galilée ?* — Pierre répondit aussitôt : « *Non, non,* » *je ne le connais pas ; je ne sais ce que vous voulez dire.* » Elle

(58) Peut-être comme le côté méridional du cours Napoléon. —
(59) Partie de la place Sainte-Eulalie, joignant la porte de la sacristie, au levant. — (60) Sacristie actuelle, autrefois petite cour.

insista : « *Quoi ! vous n'êtes pas un de ses disciples ?* » — Et Pierre répondit de nouveau : « *Non, je ne le suis pas.* Alors, déjà troublé, Pierre se leva et se dirigea lentement vers la porte ; et le coq chanta tout de suite après ce premier reniement. Il pouvait être alors quatre heures, un peu avant l'aurore.

Tandis que ceci se passait dans le vestibule ou la cour, le Grand-Pontife préparait l'instruction du procès, non pour juger Jésus, mais pour le condamner à la mort. Il le fit donc amener pour la forme devant lui, et l'interrogeant, il lui dit: « *Je vous adjure, par le Dieu vivant, de répondre : Etes-* » *vous le Christ, fils de Dieu ?* » A cette question, Jésus reprit : « *Si je vous le dis, vous ne le croirez pas.* » L'interrogatoire fut suspendu et continué au matin ; et Jésus fut ramené dans le vestibule ou l'antichambre près de la cour.

Dans l'intervalle, ceux qui retenaient captif Jésus mirent le comble à leurs excès, en le raillant, le frappant, lui bandant les yeux, le souffletant et lui crachant au visage.

Pierre étant revenu s'asseoir auprès du feu, parce qu'une autre servante avait dit de lui les mêmes choses que la première, et qu'il avait crainte de confirmer le soupçon, en se tenant à l'écart, on lui redemanda cependant s'il n'était pas véritablement un des disciples de l'accusé : « *Non*, s'écria- » t-il une seconde fois, *je ne connais en aucune façon cet* » *homme; j'en fais le serment.* » Il avait, par conséquent, renié son Maître deux fois en une demi-heure, car il n'était guère, on vient de le voir, que quatre heures du matin.

Une heure plus tard, il était à la même place, un des

assistants reprit la parole, et s'écria : « *Certainement, celui-ci* » *était avec cet homme, car il est aussi de la Galilée.* » A cette apostrophe, tous firent un cercle autour de Pierre : « *Oui,* » dirent-ils, *il n'en faut point douter, vous êtes un de ses dis-* « *ciples; votre accent et votre langage le prouvent assez.* » Puis, un autre serviteur de Caïphe, parent de Malchus, ajouta à son tour : « *Mais, ne vous ai-je pas vu avec lui dans* » *le jardin?* » Et Pierre osa répondre encore une fois : « *Mon* » *ami, je ne sais ce que vous dites,* » en proférant de nouveaux serments et des imprécations. Il continuait de parler, lorsque le coq chanta; c'était l'aurore. Jésus, qui avait jusqu'alors gardé le silence, tourna son regard vers Pierre, qui s'en aperçut et se rappela ces paroles : « *Avant que le coq ait* » *chanté deux fois, vous m'aurez renoncé trois fois.* » Pierre ne put, à ce souvenir, retenir ses larmes; il sortit aussitôt, et il alla, à une petite distance de la maison de Caïphe, pleurer ses péchés, dans un lieu retiré, du côté du levant (61). On lit, à ce sujet, dans un document du treizième siècle : « *Et* » *de cele porte à main destre sur cele voie, avait un mous-* » *tier (un couvent) de Saint-Pierre en Galliceinte (chant du* » *coq); en tel moustier avait une parfonde (une demeure pro-* » *fonde), là où on disait que saint Pierre se musa, quant il* » *et Jeshu Cris renoié, et il oï le coq chanter, et il pleura.* »

Déjà l'aube blanchissait l'horizon et dissipait les ténèbres de cette nuit affreuse. Le Sanhédrin, composé de soixante-douze conseillers, sous la présidence de Caïphe, ouvrit la

(61) La maison de la Miséricorde, rue Sainte-Eulalie, où de jeunes filles expient leurs égarements.

séance de délibération et fit comparaître Jésus. Des témoins furent entendus ; les mêmes questions et d'autres encore furent adressées à Jésus, pour savoir s'il persistait à vouloir passer pour le fils de Dieu ; et, pour la troisième fois, il répondit avec un calme indicible : « *Oui, vous le dites, je le suis.* » Sur cette affirmation, le Grand-Prêtre déchira ses vêtements, en s'écriant : « *Il a blasphémé. Qu'avons-nous encore besoin de témoins ? Vous venez tous d'entendre le blasphème !* — *Oui, oui*, répondirent-ils, *nous l'avons bien entendu.* » Et tous, excepté un seul, (Joseph d'Arimathie), déclarèrent qu'il avait mérité la mort. Mais, comme les Romains, qui étaient alors les maîtres du pays, avaient privé les Juifs du droit de vie et de mort, il fut résolu qu'il en serait référé à Ponce-Pilate, gouverneur de la province.

Vers six heures et demie du matin, Jésus, lié de nouveau, après avoir été condamné, battu, souffleté, couvert de crachats et outragé de toutes les manières, fut envoyé du palais de Caïphe à celui de Pilate. (62) Comme on l'a vu, l'un était au sud et l'autre au nord de Jérusalem.

Le cortége se dirigea donc, à partir du palais de Caïphe, vers le nord. Il dut parcourir plusieurs voies, depuis longtemps entièrement effacées ou oubliées ; mais si l'on s'en rapportait aux lignes tracées par des points sur le plan de l'abbé Dupuis, il serait permis de supposer ou de proposer, à titre de simple hypothèse, la direction et les détours ci-après : Il aurait suivi d'abord une rue (63) descendant perpendiculairement à la vallée de Tyropéon ou continuation

(62) Eglise Saint-Pierre. — (63) Rue Pélegrin.

du gouffre de Mello (64); puis il aurait tourné à droite dans cette vallée, et bientôt après à gauche sur une large voie (65) qui allait joindre le quartier d'Acra (66); arrivé là, sur une place, il aurait pris à droite la voie (67) qui allait directement vers le Temple de Salomon (68), se serait arrêté à la grande rue qui partageait Jérusalem du midi au nord (69); se serait avancé vers le nord jusqu'à une rue beaucoup moins large (70), suivie en droite ligne d'une autre rue (71) qui, à son extrémité inclinant encore vers le nord, conduisait devant le palais de Pilate.

Les Juifs, à qui il n'était pas permis d'entrer chez un païen, laissèrent leur prisonnier aux gardes du corps de Pilate. (72)

Cependant, Judas s'était repenti d'avoir trahi et livré son divin Maître; il avait avoué son crime, et pour l'atténuer, s'il était possible, il était allé raporter aux Princes des prêtres et aux Sénateurs les trente pièces d'argent qu'il avait reçues; mais au lieu de pleurer comme Pierre, il s'abandonna au désespoir et il se pendit. Les Princes des prêtres reprirent l'argent, et, après avoir délibéré, ils en achetèrent le champ d'un potier, pour y enterrer les étrangers.

Pilate se présenta d'abord sur le seuil de la porte de son

---

(64) Rue Ségur, continuation du cours Napoléon. — (65) Anciens fossés des Tanneurs. — (66) Quartier Saint-André, place Pey-Berland. — (67) Rue du Loup. — (68) Vers la place du Palais. — (69) La rue Sainte-Catherine. — (70) Rue du Cancera. — (71) Ancienne rue Carpenteyre. — (72) Cette distance de Sainte-Eulalie à Saint-Pierre, en suivant les rues ci-avant indiquées, correspondrait à peu près à celle qui séparait Caïphe de Pilate.

palais et demanda aux Conseillers et aux Juifs, quel était le crime dont ils accusaient cet homme? Les membres du Sanhédrin répondirent qu'ils l'avaient trouvé pervertissant leur nation, empêchant de payer le tribut à César, et se disant le Roi et le Christ. Sur ces imputations, Pilate entra dans le prétoire, et il interrogea Jésus; après quoi, il retourna vers les Princes des prêtres et la foule des Juifs, et il leur dit : « *Je ne trouve rien de criminel en lui.* » Et Jésus gardait le silence.

Pilate n'osant prendre un parti, et apprenant que Jésus était de la Galilée, le renvoya à Hérode, surnommé Antipas, fils d'Hérode le Grand, qui avait ordonné le massacre des Innocents. Cet Hérode Antipas, était le même qui avait fait décapiter saint Jean; il avait la Galilée dans sa juridiction, en qualité de Tétrarque, et il se trouvait alors à Jérusalem.

Pour se rendre, ou plutôt pour être traîné du prétoire au palais d'Hérode (73), Jésus eut à parcourir péniblement un assez long trajet, en suivant la voie la plus courte; et, comme on le ramena par un autre chemin, ce trajet de retour fut à peu près du double. Il devait être sept ou huit heures du matin.

L'entrevue avec Hérode ne dura que quelques instants; ce Tétrarque, qui souhaitait de voir Jésus faire quelque miracle, lui adressa plusieurs questions; mais Jésus, ne voulut rien répondre. Irrité ou excité par les clameurs des Juifs, il le traita devant sa cour avec moquerie, le fit revêtir d'une

(73) De l'église Saint-Pierre au Théâtre-Français ou au Grand-Théâtre.

robe blanche, et le renvoya à Pilate, comme un roi de théâtre.

Pilate dit à ceux qui lui ramenèrent Jésus : « *Vous m'avez* » *présenté cet homme comme soulevant le peuple, et néan-* » *moins l'ayant interrogé en votre présence, je ne l'ai* » *trouvé coupable d'aucun des crimes dont vous l'accusez; ni* » *Hérode non plus, car je vous ai renvoyés à lui, et pas plus* » *que moi on ne l'a jugé digne de mort. — Je vais donc le* » *renvoyer après l'avoir fait châtier.* »

Le gouverneur romain avait coutume, à la fête de Pâques, de délivrer un prisonnier désigné par le peuple. Pilate proposa à la foule Jésus ou Barabbas, voleur et meurtrier. Et dans sa fureur aveugle, le peuple cria : « *Faites mourir cet* » *homme, et délivrez Barabbas.* » Par trois fois, Pilate fit une sorte d'appel à cette populace, qui ne cessa point de vociférer : « *Crucifiez-le, crucifiez-le !* »

On était à peu près à neuf heures du matin, quand Pilate ordonna de flageller Jésus. Aussitôt le Christ fut conduit par les soldats romains dans le vestibule du prétoire, dépouillé devant toute la cohorte, attaché à une colonne nommée *impropère* (74), cruellement frappé et couvert de blessures sur tout son corps. Après ces tortures, on le revêtit d'un manteau rouge; on lui mit sur la tête une couronne d'épines; on l'obligea de tenir en main un roseau; puis, le saluant par dérision comme roi, on fléchissait le genou devant lui, en disant : « *Salut au roi des Juifs;* » en

---

(74) Lieu des outrages et des affronts.

lui crachant au visage, on prenait le roseau et on lui en meurtrissait la tête.

Pilate fit ramener Jésus devant lui; puis il le montra encore au peuple, avec la couronne d'épines, le manteau de pourpre et ses plaies sanglantes, et il dit à haute voix : *Ecce homo, voilà l'homme!*... et la multitude cria de plus fort : « *Crucifiez-le, crucifiez-le!* » — « *Prenez-le vous mêmes,* » répondit Pilate, *et crucifiez-le, si vous ne craignez pas de* » *faire mourir un innocent.* » Il protesta que c'était malgré lui qu'il rendait cette sentence de mort, et qu'il s'en lavait les mains.

C'était donc le vendredi, jour de la préparation de la Pâque, et dans la matinée, selon notre manière de compter, qu'assis sur son tribunal, au lieu appelé en grec *Lithostrotos,* (endroit pavé de pierres); en hébreu, *Gabattha,* (élévation), et plus tard, surnommé l'Arc ou l'Arcade de l'*Ecce homo,* Pilate prononça publiquement l'arrêt que sa conscience réprouvait, mais que lui arrachaient les menaces de dénonciation par lesquelles on imposait à sa faiblesse. Il fut puni de cette iniquité et mourut misérablement, ainsi qu'Hérode.

On a vu Jésus parcourir la longue et accablante *Voie de la captivité;* on va maintenant le voir traîné plus cruellement encore à travers le Chemin de la Croix ou *la Voie douloureuse,* qui commence devant le palais de Pilate, pour finir au Calvaire; ce qui comprend une étendue de treize cent vingt-un pas, selon quelques-uns, ou de treize cent soixante-un, selon d'autres. Les lieux sanctifiés par ces nouvelles souffrances du Sauveur, se divisent ordinairement en quatorze stations, quoique dans les temps anciens, on en comptât dix-huit, en y ajoutant une partie de la voie de la captivité. Il paraît convenable de suivre ici l'usage généralement adopté de nos jours, mais en faisant observer que le chemin de la Croix, comme marche, c'est-à-dire le trajet de Pilate au Calvaire, n'est rigoureusement marqué que par douze stations; pour mieux établir les points de rapprochement, commençons par vérifier textuellement le tracé authentique du chemin que parcourut le Christ : le voici tiré de l'ouvrage de M. l'abbé Dupuis (p. 150 et 151) :

« Le Chemin de la croix ou Voie douloureuse commence
» au Palais de Pilate, et le Christ fit vingt-six pas, qui
» font soixante-cinq pieds, pour arriver à l'endroit où on le
» chargea de sa croix. De là il avança devant la ville tout
» entière, dont la populace bordait le chemin, l'espace de
» quatre-vingts pas ou deux cents pieds vers l'occident,
» portant sa croix sur ses épaules meurtries et ensanglan-
» tées, sous le poids de laquelle il tomba pour la première
» fois. Il fit encore soixante pas et trois pieds, ou cent cin-
» quante-trois pieds pour arriver à l'endroit où il rencontra
» la très-sainte Vierge Marie, sa mère, avec saint Jean. Il
» continua de marcher et fit soixante-et-onze pas et un demi-
» pied, ou cent soixante-dix-neuf pieds, et arriva à une es-
» pèce de carrefour, où on obligea Simon le Cyrénéen à
» l'aider à porter sa croix. De là, pour arriver à l'endroit
» où Véronique se présenta à lui, il eut à faire cent quatre-
» vingt-onze pas et un demi-pied, ou quatre cent soixante-

» dix-huit pieds. Puis, trois cent trente-six pas et deux
» pieds, ou huit cent quarante-deux pieds avant d'arriver
» à la Porte Judiciaire, où il tomba pour la seconde fois.
» Ensuite il s'avança par un chemin escarpé et pierreux,
» tirant peu à peu vers le nord, l'espace de trois cent qua-
» rante-huit pas et deux pieds, ou huit cent soixante-douze
» pieds, et arriva à un endroit où aboutissent deux che-
» mins ; là, il parla aux femmes qui pleuraient. De cet en-
» droit il eut à faire cent soixante et un pas et un demi-pied
» ou quatre cent quatre pieds pour arriver au bas du mont
» Calvaire, où il succomba pour la troisième et dernière
» fois. Il lui fallut encore faire dix-huit pas ou quarante-
» cinq pieds pour être rendu au lieu où les bourreaux lui
» arrachèrent ses vêtements et où on lui donna à boire du
» vin mêlé de myrrhe et de fiel. Il eut ensuite douze pas à
» faire ou trente pieds pour se rendre à l'endroit où il fut
» cloué sur la croix. On eut enfin à le transporter l'espace
» de quatorze pas ou trente-cinq pieds, pour arriver au lieu
» où l'on enfonça, dans le trou du rocher du mont Calvai-
» re, la croix sur laquelle il demeura suspendu. Il y a donc,
» du palais de Pilate à l'endroit où la croix fut enfoncée dans
» le rocher, mille trois cent vingt-et-un pas, ou trois mille
» trois cent trois pieds.

En regard de ces mesures d'une rigoureuse exactitude, il convient maintenant de reconnaître ce qui existe à Bordeaux, par confrontation.

Ainsi qu'on vient de le voir, la première station, qui rappelle la condamnation à mort de Notre-Seigneur Jésus-Christ, est sur l'emplacement du palais de Pilate, en dehors du prétoire. L'auguste Victime, environnée de ses accusateurs, de ses bourreaux et d'une foule immense, vient de passer sous l'arcade où elle avait été montrée au peuple (75). Une clameur universelle laisse entendre ce cri : « Que son sang re-» tombe sur nous et sur nos enfants ! » Jésus, les yeux levés vers le Ciel, garde le silence. Il doit être neuf heures passées.

A soixante-cinq pieds de l'emplacement du palais de Pilate, qui est la première station (76), des soldats s'approchent du Sauveur; ils lui enlèvent le manteau qui le recouvre, pour le revêtir de sa tunique. Ils portent une croix dont ils chargent ses épaules. Il accepte ce fardeau sans opposer la moindre résistance. C'est la deuxième station, à laquelle prennent part deux criminels portant également le bois de leur supplice.

Jésus se met en route, suivi de cette foule qui, par tout et toujours, se montre avide d'exécutions sanglantes; affaibli par les veilles, les courses, les mauvais traitements, il a à peine parcouru deux cents pieds (77), que la lassitude de son corps le fait chanceler; il tombe ou s'affaisse sur lui-même, les yeux éteints et la face couverte d'une mortelle pâleur. Mais ce n'est là que la troisième station. « *Marche, mar-* » *che, faites-le marcher,* » crie-t-on de toutes parts. Après un long soupir, il est relevé, reprend sa croix et poursuit la voie douloureuse.

(75) La porte occidentale de Saint-Pierre. — (76) Entrée de la rue de la Devise, par la place Saint-Pierre. — (77) Jonction en croix des rues de la Devise et du Fort-Lesparre.

Suivant une tradition et la croyance des Pères de l'Eglise, qui suppléent au silence de l'Évangile, quelle scène déchirante que celle de la rencontre du Sauveur avec sa sainte Mère ! Elle est rapprochée du prétoire durant cette cruelle matinée, et, voulant contempler son fils bien-aimé pour la dernière fois, elle s'élance sur son passage, et tombe demi-morte ! Qui comprendra jamais cet échange de regards, et qui dira de quel côté était la plus grande douleur ? Cette rencontre, après cent cinquante-trois pieds, fait le sujet de la quatrième station. Elle eut lieu sur la Grande-Place (78).

On veut éloigner Marie, saint Jean et quelques pieuses femmes dévouées au Christ épuisé par tant d'épreuves physiques et morales ; mais ceux dont le cœur est avec son cœur ne se lassent point et ont résolu de le suivre jusqu'au lieu du supplice. Arrivé près de la rue, (79) bornée ou coupée par la voie principale, (80) à cent soixante-dix-neuf pieds, c'est-à-dire à la cinquième station, le hideux cortége, ayant vu passer Simon le Cyrénéen qui revenait des champs, arrête ce juif, connu par son attachement à Notre-Seigneur ; là, bien moins pour soulager Jésus que pour tourmenter et humilier Simon, on fait violence à ce dernier et on le force à se charger de la croix, qu'il prend sur ses épaules, sans murmurer. Heureux celui qui, sans contrainte, est appelé à porter la croix du divin Maître, à cause de la fidélité qu'il lui a vouée !

(78) La place du Marché-Royal, dans la direction de la rue des Lauriers. — (79) Par les rues des Lauriers et Saint-Remy jusqu'un peu avant la Galerie bordelaise. — (80) Rue Sainte-Catherine.

On arrive à la sixième station, après quatre cent soixante-dix-huit pieds, (81) alors que la figure de Jésus était couverte de sueur, de sang et de poussière, une femme s'élance hors de sa demeure, traverse la rue, prend son voile blanc et en essuie respectueusement la face divine, qui reste empreinte sur ce linge. L'histoire lui a conservé le nom de *Véronique*, soit que tel fut le sien, soit à cause du sens des deux mots *vera icon*, ou *vera iconica*, qui signifient vraie image, selon Grégoire de Tours.

Plus loin de trois cent trente-six pas et deux pieds (huit cent quarante-deux pieds), Jésus tombe pour la seconde fois; c'est la septième station, à l'extrémité de la rue où se voyait la *Porte judiciaire* ou *Porte du jugement*. (82) C'était la limite de Jérusalem à l'époque du Sauveur. Là commençait, en obliquant vers le nord-ouest, la voie qui conduisait au Calvaire ou Golgotha. (83) Au-delà de cette porte se trouvait la place des exécutions. (84) Jésus va entendre la sentence de mort, lue à la Porte judiciaire, selon l'usage.

A huit cent soixante-douze pieds, et au point d'embranchement où aboutissent plusieurs rues, (85) Jésus voit ac-

(81) Rue Porte-Dijeaux, au lieu où se trouve une maison seule, entre la rue Castillon et la place Puypaulin. — (82) La Porte-Dijeaux. A Jérusalem, maintenant, tout l'espace au-delà de cette porte est renfermé dans la ville, et il est couvert de maisons; c'est pourquoi depuis longtemps, à partir de ce lieu, on ne peut plus suivre *la Voie douloureuse*. La partie la plus élevée du Calvaire, au nord-ouest, et les endroits adjacents sont tous compris dans l'église du Saint-Sépulcre. — (83) Place où est l'église Saint-Seurin. — (84) La place Dauphine. — (85) Jonction de la rue Judaïque (Chemin neuf) à la rue Saint-Seurin, formant une fourche.

courir une multitude de femmes qui se frappent la poitrine et qui pleurent : « O vous, filles de Jérusalem, leur dit-il, ne » pleurez point sur moi, mais pleurez sur vous-mêmes et » sur vos enfants, car il viendra un temps où l'on dira : » Bienheureuses celles qui ne sont pas mères ; » et il accompagne ces paroles de menaces et de prédictions sur les maux auxquels Jérusalem est condamnée. Là, doit être placée la huitième station.

Jésus vient encore de franchir quatre cent quatre pieds, et il est arrivé à l'entrée d'une plus large voie. (86) C'est à cette neuvième station qu'il succombe à ses fatigues pour la troisième et dernière fois ; et, cependant, c'est là aussi qu'on lui fait reprendre la croix, pour la porter au lieu même où elle devait être dressée.

De ce point, il peut apercevoir le Calvaire, qui n'est guère plus qu'à une distance assez rapprochée. — Mais quelles horribles tortures n'a-t-il pas encore à subir ? Plus de deux heures se sont lentement écoulées depuis le départ du palais de Pilate ; le moment approche où le gibet infâme sera dressé et où le sang du juste arrosera le sol ; et cependant, accablé, hors d'haleine, courbé et chancelant, il se traîne avec effort pour accomplir sa mission.

A une très petite distance, (87) de quarante-cinq pieds, les préparatifs du crucifiement attendent la victime de l'amour. Comme on le pratiquait ordinairement pour les autres patients, dont on lui fait subir toutes

(86) Entrée des allées Damour. — (87) Aux premiers arbres de l'allée conduisant à l'église Saint-Seurin.

les ignominies, on offre à Jésus du vin mêlé de fiel et de myrrhe. A peine ce breuvage a-t-il touché ses lèvres qu'il le refuse et le repousse, voulant achever son sublime sacrifice sans aucun soulagement. Aussitôt les bourreaux lui arrachent ses vêtements ensanglantés; c'est la dixième station.

A la onzième station, à trente pieds plus loin, Jésus s'offre à ceux qui sont chargés de le clouer à la croix, et s'étend lui-même sur l'arbre patibulaire. Quel tourment atroce ne doit-il pas ressentir dans tous ses membres, au moment où les coups de marteau enfoncent les clous dans ses pieds et ses mains adorables !

Enfin, encore trente-cinq pieds, ce qui complète les trois mille trois cent trois pieds, la croix est dressée et enfoncée sur le Calvaire; le Médiateur de Dieu et des hommes est élevé entre la terre et le ciel, ayant à sa droite et à sa gauche deux malfaiteurs crucifiés comme lui. On le place de manière à ce qu'il ait le dos tourné à Jérusalem et le visage du côté de l'Occident, comme s'il n'avait pas été digne d'avoir les yeux tournés vers la Ville sainte ; mais ce n'est là que l'accomplissement de la prophétie de Jérémie : « Je leur » tournerai le dos et non le visage au jour de leur perdi- » tion. » C'est là la douzième station.

Le Fils de Dieu resta dans cette position durant trois heures. On avait mis au-dessus de sa tête, couronnée d'épines, une planche de bois blanc portant, en hébreu, en grec et en latin, cette inscription : « *Jésus de Nazareth, Roi des* » *Juifs;* » et dès que les soldats eurent terminé leur tâche odieuse, ils partagèrent entre eux ses vêtements, et tirèrent au sort sa tunique qui avait été tissue, dit-on, par la sainte Vierge.

Il était midi quand eut lieu ce lamentable dénoûment. A ce moment, toute la terre fut couverte de ténèbres épaisses, le soleil cessa de l'éclairer en s'éclipsant tout à fait, et les étoiles parurent au ciel, comme si le monde eût été près de retomber dans le chaos.

La première parole que le divin Crucifié laissa tomber du haut de la croix fut pour implorer la grâce de ses bourreaux : « *Mon Père, pardonnez-leur*, dit-il, *car ils ne savent ce qu'ils* » *font.* »

Le Calvaire était environné d'une multitude qui ne se lassait point de blasphémer et d'insulter l'adorable supplicié. Les gardes lui offrirent du vinaigre, en disant : « *Si tu es* » *le Roi des juifs, sauve-toi donc toi-même.* » Les deux voleurs entre lesquels il était l'outragèrent aussi d'abord ; mais l'un d'eux, bientôt touché de la grâce, celui qui était à droite, implora la miséricorde du Christ, qui lui adressa ces mots consolants : « *En vérité, je vous le dis, vous serez au-* » *jourd'hui avec moi en Paradis.* »

La mère de Jésus, la sœur de sa mère, Marie, femme de Cléphas, Marie Madeleine, ainsi que saint Jean, se tenaient auprès de la Croix. Jésus dit à Marie : « *Femme, voilà* » *votre fils !* » et au disciple bien-aimé : « *Voilà votre mère !* »

Avant trois heures, Jésus s'écria : « *Eloï, Eloï, lamma,* » *Sabachtani !* » c'est-à-dire : « *Mon Dieu, mon Dieu, pour-* » *quoi m'avez-vous abandonné ?* » Puis, il dit encore, pour accomplir ce que les Prophètes avaient annoncé de lui : « *J'ai soif!* » alors l'un des soldats plaça au bout d'un roseau une éponge imbibée de vinaigre, et il la présenta à la bouche divine, en disant aux autres : « *Voyons si Elie viendra le détacher de la croix.* » — Jésus ayant goûté le vinaigre, dit : « *Tout est consommé!* » Enfin, il jeta un grand cri, en proférant ces dernières paroles : « *Mon père, je remets mon » âme entre vos mains!* » Et, inclinant sa tête, il rendit l'esprit.

Avant d'arriver à ce moment suprême, il avait fallu que le plus précieux sang se répandît sur le sol du jardin des Oliviers, sur la vallée de Josaphat, sur les pierres des rues de Sion et de Jérusalem, sur les lanières du fouet des Juifs, sur la couronne d'épines, sur les vêtements de l'Homme-Dieu, sur le Calvaire, sur les mains de Marie et sur l'arbre de la Croix, qui en demeura imprégné!... Devant ce spectacle, le voile du Temple se déchira, le soleil reparut; mais la terre trembla, les rochers se fendirent, les sépulcres s'ouvrirent, plusieurs des Saints qui étaient morts ressuscitèrent, et le rocher situé à gauche, laissa à découvert la fente qu'on voit encore. Tout parut, dans la nature, sympathiser avec la catastrophe de cette terrible tragédie.

Ainsi fut accompli le sublime sacrifice à la neuvième heure du vingt-cinquième jour du mois de mars, c'est à dire, à trois heures après-midi.

« Il est mort, il est mort! s'écrie Bossuet, et son dernier » soupir a été un soupir d'amour pour les hommes! »

Après cette mort, plusieurs de ceux qui y avaient assisté, se retirèrent du Calvaire le cœur navré de douleur et de repentir ; mais Marie Madeleine, Marie, mère de Jacques le mineur et Salomé, femme de Zébédée, demeurèrent à quelque distance de la Croix.

Une ou deux heures après, des soldats vinrent rompre le jambes aux deux larrons ; ils n'en firent pas de même à Jésus, mais l'un d'eux, nommé Longin, lui perça le côté droit avec une lance.

Dans la soirée, Joseph d'Arimathie alla trouver Pilate, et il lui demanda la permission d'enlever le corps de Jésus ; ce qui lui fut accordé. Ce membre du Sanhédrin, et un autre, nommé Nicodème, qui, tous deux, n'avaient pas pris part aux persécutions et aux outrages exercés contre le Christ, se rendirent au Calvaire ; ils descendirent de la croix le corps du Sauveur, et ils le déposèrent sur les genoux de la très-sainte Vierge Marie, sa mère. Elle aida à le placer sur une pierre, avant qu'il fut mis dans le tombeau, et enveloppé dans des linges, avec des parfums d'une composition de myrrhe et d'aloës. C'est précisément à cette pierre d'onction que la treizième station doit être placée.

La quatorzième et dernière est au Sépulcre. Ce sépulcre, taillé dans le roc, se trouvait dans un jardin situé près du lieu où Jésus avait été crucifié : aucun corps n'y avait jamais été déposé. — Joseph d'Arimathie, qui l'avait fait creuser pour lui-même, en disposa avec consolation pour le Sauveur, qu'il n'avait pas cessé d'honorer et d'aimer, et il prit soin de rouler une grande pierre jusqu'à l'entrée.

Marie Madeleine, la mère de Jacques le mineur, et les autres femmes qui avaient suivi Joseph d'Arimathie, vinrent considérer le sépulcre, et comme c'était la veille du sabbat, il ne fut plus rien fait par elles. Le soleil allait disparaître au couchant, et le grand samedi allait s'ouvrir avec ses sévères prescriptions.

« C'est dans ce sépulcre, s'écriait, il y a plus de deux
» siècles, un auteur de touchantes pratiques pour la dévo-
» tion du Chemin de la Croix en dix-huit stations, « c'est
» dans ce sépulcre qu'il faut établir ta demeure, âme chré-
» tienne! C'est dans ce sépulcre qu'il faut t'ensevelir avec
» Jésus-Christ, pour y mener une vie retirée et solitaire;
» une vie morte au monde et à toutes les vanités du siècle;
» une vie rigoureuse et pénitente! C'est dans la cavité de
» ce rocher qu'il faut te cacher, pour soupirer, gémir et
» pleurer, le reste de tes jours, la Passion et la Mort de ton
» aimable Rédempteur, et en soupirant, gémissant et pleu-
» rant si saintement, te préparer à bien mourir! »

Dès qu'il eut rendu le dernier soupir, Jésus-Christ descendit dans les Limbes, pour en ramener les Saints Pères de l'ancienne loi : là, dans le sein d'Abraham, pour les justes purifiés, était un lieu de repos qui pouvait être regardé comme celui d'une félicité commencée, jusqu'à ce qu'au jour de l'Ascension le Ciel s'ouvrit réellement pour les bienheureux.

Le Samedi saint.

Les soldats ont veillé toute la nuit à l'entrée du tombeau où repose le corps de l'Homme-Dieu, que les Anges adorent dans un respect profond. L'âme qui a cessé d'animer ce corps pour un instant, n'a cependant point cessé d'être unie avec le Verbe divin. La Mère des douleurs, entourée des saintes femmes qui ont assisté Jésus jusqu'à la fin, a été emmenée, dès le coucher du soleil, dans la demeure de Jean, (88) le fils d'adoption, où elle a passé la nuit dans l'impatience du lendemain, qui leur permettra de retourner au sépulcre.

Rien n'est plus attendrissant, dans sa sublime simplicité, que le récit fait par saint Bonaventure, de ce qui se passa sur la terre le jour du Sabbat, tandis que Jésus, demeurant depuis la veille au soir jusqu'au lendemain matin avec les Patriarches, les Prophètes et les autres Justes qui attendaient sa venue, leur découvrait sa Divinité et leur prodiguait d'inexprimables consolations. Il faudrait lire en entier, et dans le texte original, ce chef-d'œuvre d'éloquence du cœur, dont voici quelques fragments :

« Or, le matin, et le jour du Sabbat, Marie et ses com-
» pagnes se trouvent réunies avec Jean, dans sa maison,
» les portes fermées. Toutes sont plongées dans l'affliction,
» comme des orphelines ; elles ne parlent pas, mais assises
» ensemble, elles se rappellent ce qu'elles ont vu, et se re-
» gardent de temps en temps, ainsi que font ceux qui sont en
» proie à une grande douleur. On frappe à la porte ; elles sont
» effrayées, car, dans leur situation, on a peur de tout, et
» le calme leur est désormais ravi. Jean va voir, il recon-

(88) La chapelle du Saint-Cœur-de-Marie ou les Carmélites, rue Permentade.

» naît celui qui a frappé, et il s'écrie : « C'est Pierre ! »
» Marie dit : « *Ouvrez-lui !* » Pierre, le visage couvert de
» confusion, entre en sanglottant ; les autres disciples le
» suivent de près, pleurant aussi. Pierre, interrompant ce
» silence, laisse échapper ces mots de sa poitrine oppres-
» sée : « *Ah ! que je me trouve misérable à mes propres*
» *yeux et indigne de paraître ici ! Comment ai-je pu aban-*
» *donner et renier un si excellent Maître, qui m'aimait*
» *tant !* » — *Et nous*, ajoutent les autres disciples, en ca-
» chant leurs fronts dans leurs mains jointes, *n'avons-nous*
» *pas à nous reprocher également de nous être éloignés*
» *d'un Maître si doux, si tendre ; si dévoué à son sacri-*
» *fice !...* » Marie cherche alors à relever le courage de
» tous ; elle les exhorte à avoir foi, comme elle, en la ré-
» surrection de Jésus, et à compter sur sa miséricorde infinie »
C'est en mémoire de cette foi demeurée intacte et ferme,
en ce jour de Sabbat, que, plus tard, le samedi a été
consacré à la Vierge-Mère.

Lorsque le sabbat eut pris fin, après le coucher du soleil,
Marie Madeleine et Marie, mère de Jacques et Salomé, achetèrent des parfums pour aller embaumer Jésus ; elles en
avaient préparé dès la veille, mais elles s'étaient arrêtées
par respect pour le repos du saint jour. Elles reprirent leurs
préparatifs à la nuit, et sans attendre le retour de la lumière, elles se mirent en chemin. Quand elles arrivèrent
au sépulcre, le soleil était déjà levé ; et déjà aussi, dès le
lever de l'aurore, le Sauveur était sorti du tombeau, sans
bruit, sans éclat apparent, sans ouverture ni fracture, et

sans avoir déplacé la pierre qu'il avait seulement pénétrée, suivant les expressions du Père de Ligny, par la subtilité de son corps glorieux.

Ce que notre Seigneur avait demandé à son Père était accompli ; et comme Jérusalem avait été témoin du sacrifice, elle fut remplie du bruit de son triomphe, qui fut aussi celui de tout le genre humain.

Un mot encore pour terminer les rapprochements de la Reine des provinces de l'univers et de la Reine des cités du midi de la France.

Un jeudi, le quarantième jour après la résurrection, Jésus, qui était souvent apparu à ses Apôtres, les conduisit de Jérusalem à Béthanie, où l'on croit qu'il alla dire adieu à ses hôtes bien-aimés d'autrefois ; puis il rejoignit les mêmes Apôtres, et quand il fut arrivé avec eux au riant sommet de la montagne des Oliviers (89), doré par les feux du soleil couchant, il les bénit, et devant eux, il retourna vers son Père : alors la terre le vit pour la dernière fois. C'est sur cette montagne, et au même lieu, qu'à la fin du temps, il viendra du Ciel, sur une nuée, de la même manière et sous la même forme qu'il y a fait son Ascension, pour juger les vivants et les morts.

Que pourrions-nous dire encore de ces événements d'éternelle mémoire et surtout de l'adorable Passion de celui qui nous a aimés jusqu'à la mort de la croix ? Toutes les facultés de l'âme ne sont-elles pas absorbées, et la parole humaine

(89) Plate-forme devant l'église de Saint-Romain, sur la côte de Cenon.

frappée d'impuissance par la commémoration de chacune des heures d'une si imposante semaine? Sainte Thérèse, dès son enfance, ne s'était jamais endormie sans avoir médité une des parties de ce sujet; saint Jean de la Croix y puisait les attraits continuels de sa tendre dévotion; saint François d'Assise ne semblait respirer que pour Jésus crucifié; sainte Brigitte lui devait ses sublimes inspirations. A l'exemple de ces saints personnages et de tant d'autres, rappelons-nous sans cesse nous-mêmes que là est tout notre salut, et que dans ce court espace de temps se résume et doit se résoudre toute la question de l'éternité.

Notre tâche est terminée. Nous l'avons déjà dit, et nous voulons le répéter, des esprits à qui nous ne saurions reprocher de se montrer trop exigeants ou trop difficiles, regretteront, comme nous l'avons regretté nous-même, que ce que nous avons, trop témérairement peut-être, appelé *un miroir*, ou une ressemblance, ne présente rigoureusement que des reflets plus ou moins affaiblis et décolorés; — d'autres encore feront observer qu'indépendamment de ce qu'il faut connaître Bordeaux pour nous comprendre, *la Voie de la captivité* et *le Chemin de la croix*, tels que nous les avons indiqués, seraient d'une exécution malaisée et fatigante. — Nous nous inclinerons humblement devant ces critiques prévues et devant toutes les autres que pourra provoquer notre publication. Cependant, si après nous avoir lu avec indulgence, quelques âmes contemplatives se

laissent aller à l'attrait de croire que Jérusalem et Bordeaux ne sont pas, d'une manière choquante, trop loin de se correspondre, de s'éclaircir, et de se rapprocher ; si la jeunesse et le peuple, qui n'aspirent pas encore ou n'aspireront jamais à disputer avec les savants, acquièrent plus simplement et plus vite que par les voies ordinaires les moyens de mieux connaître, aimer et servir le Dieu mort pour tous, nous aurons suffisamment atteint notre but, car, nous avons eu bien moins la prétention d'enseigner que le dessein de nous instruire nous-même et d'honorer ce Dieu, en étudiant les lieux et les événements de sa Passion. Après tout, qu'il s'agisse des autres ou de nous seulement, le motif, ou s'il l'on veut, l'excuse de cet essai doit se trouver dans la conviction intime où nous sommes, qu'une considération plus attentive des divins mystères conduit infailliblement à un plus grand amour de leur adorable fondateur. Puisse donc, à l'avenir, Bordeaux, avec moins de raison que Jérusalem, mais avec autant de satisfaction que Moïse, répéter ce que ce saint législateur disait aux Israélites de la présence du Seigneur dans l'Arche-d'alliance : « Non, il n'y a
» pas de nation qui ait des Dieux aussi près d'elle que no-
» tre Dieu l'est de nous, ni d'un accès aussi facile pour elle
» que notre Dieu l'est pour nous ! »

FIN.

www.ingramcontent.com/pod-product-compliance
Lightning Source LLC
Chambersburg PA
CBHW070245100426
42743CB00011B/2141